HERCVLE
AMOVREVX.
TRAGEDIE.

ARGVMENT.

Ercule ayant affujetty l'Eocalie, Illus fon fils & Yole fille du Roy vaincu conceurent vn amour reciproque ; peu de temps apres Hercule eftant deuenu amoureux de cette mefme Princeffe, la demanda pour femme au Roy Eutyre fon Pere, qui ne fçachant pas encore l'engagement de fa Fille auec Illus, confentit à la demande ; Mais depuis mieux informé voulut retraƐter fon confentement, dont Hercule fut fi puiffamment irrité qu'il le tua. Yole prenant de ce meurtre vne nouuelle auerfion contre Hercule, Venus pour l'adoucir a recours aux enchantemens ; Iunon tout au contraire ancienne ennemie d'Hercule s'applique foigneufement à trauerfer fon amour, & parmy les diuers euenemens qui naiffent des efforts oppofez de ces deux Deeffes ; Hercule

ARGOMENTO.

ualità del figlio, & infofpettito (benche à torto) che
quefti gl'infidiaffe alla vita, rifolue di porlo à morte,
mà fopragiunta Dejanira Madre di lui, che per mini-
ftero della fama era ftata à tal luogo Tratta dalla gelofia fi frapone per faluarlo fenza però ottenerealtro,
che di accomunar' à fe fteffa vn fi gran pericolo, onde
Iole non fcorgendo àciò altro riparo, fi rifolue di dare
all'infuriato Eroe (purche perdoni ad Hyllo) qualche fperanza di piegarfi ad amarlo, ad intuito di che
Ercole fofpendendo l'efecutione de fuoi fdegni, manda (per afficurarfi dalla gelofia) il figlio prigioniero
in vna Torre ful Mare, & ordina (per liberarfi dalle
contrarietà) che la moglie torni in Calidonia, quindi moftrandofi ogn'or più determinato, quando non
ottenga le bramate nozze, di vendicarfene atrocemen-
te contro Hyllo, riduce Iole alla neceffità d'accon-
fentir più tofto à quelle, che di foffrir lo fcempio di
quefti, il quale riceuuta di ciò nouella, fi precipita
auanti à gli occhi della madre, (che andaua per con-
folarlo) difperato nel Mare, mà comparfa l'ombra
d'Eutyro alla figlia, e con più ragioni, e particolar-
mente con la già feguita fommerfione d'Hyllo, diffua-
dendola dal maritarfi con Ercole, vien fuggerito alla
gelofa moglie da Licco fuo feruo, che con la vefte
lafciatagli già da Neffo Centauro, haurebbe ella po-
tuto annichilare nello fpirito del Marito ogn' altro
affetto ch'il fuo ; onde Iole più repugnante che mai di
maritarfi con Ercole, appigliandofi anch' effa à fimile
fperanza, fi carica di applicare à fuo tempo vn tal rimedio, dal cui contatto cagionate poi nel femideo
furiofe fmanie, che lo portano à gettarfi nelle fiam-

ARGVMENT.

s'apperçoit que son fils est son riual, & s'estant fausse-
ment imaginé qu'il auoit attenté sur sa vie s'appreste
à le faire mourir, quand Dejanire, Mere infortunée
de cet aymable Fils, conduite par sa jalousie, arriue
à propos pour se mettre entre-deux, mais elle ne peust
obtenir autre chose que d'entrer auec Illus dans le mesme danger de mort; ce qui contraint Yole de promettre
toutes choses à Hercule qu'elle haïssoit, pour sauuer
Illus qu'elle aymoit. Ses promesses font suspendre la
resolution d'Hercule, & pendant qu'il en attend l'exe-
cution, il commande à Dejanire de retourner à Calli-
donie & enuoye son Fils prisonnier dans vne Tour
enuironnée de la Mer, declarant à Yole qu'il le fera
bien-tost mourir si elle luy manque de parole. Cette
menace fait consentir Yole à espouser Hercule, mais
Illus en estant aduerty se precipite dans la Mer aux
yeux de Dejanire qui alloit pour le consoler. L'Ombre
d'Eutyre se sert de cet euenement pour dissuader sa fille
du mariage d'Hercule, en luy faisant connoistre qu'a-
pres la perte d'Illus elle n'a plus rien à menager : Et
Licas se ruiteur de Dejanire fait souuenir sa Maistresse que le Centaure mourant luy a laissé vne chemise
dont il l'a asseurée que l'effet seroit tel, qu'aussi tost
qu'Hercule l'auroit prise il n'auroit plus d'amour que
pour elle. Yole qui ne cherchoit qu'à se garentir de ce
mariage, reçoit auec plaisir cet expedient & se charge
de se seruir de la chemise lors qu'il en sera temps: Mais
au moment qu'Hercule en est reuestu, il entre dans

B

ARGOMENTO.

me, si scuopre essere stato il di lui figlio saluato in vita da Nettunno per opera di Giunone, dalla quale venendo appresso manifestato, come Ercole in vece di ardersi era stato da Gioue trasportato al Cielo, e quiui sposato alla Bellezza, e che così libero dalle passioni humane, consentendo egli al matrimonio d'Hyllo, & Iole, haueua ottenuto alle sue felicità il consenso della medesima Dea, seguono parimente le Nozze tra li due amanti.

PERSONAGGI.

Cinthia.   Prologo.
Ercole.
Venere.
Giunone.
Hyllo, figlio d'Ercole.
Iole, figlia del Ré Eutyro.
Paggio.
Dejanira, Moglie d'Ercole.
Licco suo seruo.
Pasithea, Moglie del Sonno.
Sonno Personaggio muto.
Mercurio.
Nettunno.
Ombra del Ré Eutyro, Padre d'Iole.
Ombra di Clerica Regina.
Ombra di Leomedonte Ré di Troia.
Ombra di Bussiride.
La Bellezza.
Choro Musico de' fiumi.
Choro Musico delle 3. Grazie.
Choro Musico d'Aure, e Ruscelli.
Choro Musico de' Sacrificanti al sepolcro d'Eutyro.
Choro Musico d'Anime infernali.
Choro Musico di Sacerdoti di Giunone Pronuba.
Choro Armonico de' Tritoni, e Sirene.
Choro muto di Damigelle d'Iole.

ARGVMENT.

vne fureur si violente qu'il se jette luy mesme dans le feu. Cependant l'on decouure que Neptune à la priere de Iunon auoit sauué Illus des flots de la Mer, & cette mesme Deesse vient dire de quelle maniere Iupiter a garenty Hercule des flames où il s'estoit exposé, pour le transporter au Ciel & le marier auecque la Beauté, & comment ce Heros dépoüillé des passions humaines, en permettant les Nopces d'Yole auec Illus, a merité qu'elle mesme consentit à le voir heureux.

PERSONNAGES.

La Lune. Prologue.	M. Meloni.
Hercule.	M. Piccini.
Venus.	Mademoiselle Hylaire.
Iunon.	M. Riuani.
Hyllus, fils d'Hercule.	M. Giu. Agostino Poncelli.
Yole, fille du Roy Eutyre.	Mademoiselle Bergerotti.
Le Page.	
Dejanire femme d'Hercule.	Mademoiselle Ballarini.
Licas son seruiteur.	M. Chiarini.
Pasithée, femme du Sommeil.	Madamoiselle Bordoni.
Le Sommeil Personnage muët.	
Mercure.	
Neptune.	M. Bordigoni.
Ombre du Roy Eutyre, pere d'Yole.	M. Bordigoni.
Ombre de Clerique, Reyne.	Mademoiselle de la Barre.
Ombre de Laomedon Roy de Troye,	M. Vulpio.
Ombre de Bussiride.	M. Zannetto.
La Beauté.	Madamoiselle de la Barre.

Chœur de Musique de Fleuues,
Chœur de Musique des trois Graces. Madamoiselle Ribera, M. Meloni, & M. Zannetto.
Chœur de Musique de Zephirs & de Ruisseaux.
Chœur de Musique de Sacrificateurs au tombeau d'Eutyre.
Chœur de Musique d'Ombres infernale.
Chœur de Musique des Sacrificateurs de Iunon Pronube.
Chœur Armonique de Tritons & Sirenes.
Chœur muët des Damoiselles d'Yole.

La Scena rappresenta ne' lati Montagne di scogli sù li quali
si vedono giacenti 14. fiumi, che bagnano i Regni e le Pro-
uincie che Sono ò furono sotto la dominatione della Corona
di Francia. Nella prospettiua si vede il mare, e nell' aria
Cinthia che discende in vna gran Machina rappresentante
il di lei Cielo.

PROLOGO.

Choro di fiumi. Val concorso indouino
Oggi al Mar più vicino
Del festoso Parigi
Noi raunò dal gemino Emisfero,
Noi, che del Franco Impero
Vantiamo il nobil giogo, ò i bei Vestigi?

Il Teuere. Ah che mentre la terra
Di lunga orrida guerra
Già dileguati ammira i fati rei
Ne beati Imenei
Di MARIA di LVIGI
Adorna Cinthia di più bei candori
Noi testimoni elesse
Di quei, ch' à spiegar và, Gallici honori.

Choro. A' i di lei veri accenti
Sù dunque attenti, attenti.

La Lune.

a Scene des deux coſtez repreſente des Montaignes & des Rochers, ſur leſquels ſont couchez quatorze Fleuues qui ont eſté ſous la domination des François : Dans le fonds du Theatre ſe voit la Mer, & dans l'Air la Lune qui deſcend dans vne Machine qui repreſente ſon Ciel.

PROLOGVE.

La Lune. Chœur de Fleuues.
Le Chœur.

Vel deſtin bien-heureux, ou quelle pre-
uoyance
Nous aſſemble en ce jour au riuage de France,
Nous qui par cent chemins, & cent climats diuers
Faiſons de ſon grand nom raiſonner l'Vniuers.

Le Tibre.

Quand par vn ſeul Hymen on voit toute la terre
Exempte des malheurs que produiſoit la guerre,
Le Ciel de cet Hymen honorant la ſplendeur
Va du Royal Eſpoux eſtaler la grandeur.
Dans ces vaſtes miroirs ſacrez, à la memoire,
Où des temps reculez ſe conſerue l'Hiſtoire,
La Lune va monſtrer par combien de grands Rois
Paſſa l'Auguſte Sang qu'adorent les François,
Et de ces veritez elle nous veut inſtruire,
Afin qu'apres par tout nous allions les redire.

Le Chœur.

Pour la mieux eſcouter ſuſpendons à la fois
Et le bruit de nos flots & celuy de nos voix.

C

Cinthia. Ed ecco ò Gallia inuitta

NOTÆ D.CAMILLI LILII.

1 DE PRIMA FAMILIA.
Inclite Rex armis, & Regibus edite celsis
Primus & antiquis culmina prima regens.
Venantius Fortunatus ad Regem Chilpericum.
Regibus antiquis respondens nobilis infans.
Idem ad Puerum Dagobertum.

DE 2. FAMILIA.
Legens proauos veteres ab origine Reges.
Anonymus ad Carlum Caluum.
2 Fascibus insignes, & Regum culmine fultæ
Conuenere Domus.
Claudianus in nuptijs Palladij, & Serena seu Celerina.
Vt regnet qui Consul erat.
Sidonius Apollin. Carmine 2.

DE 3. FAMILIA.
Corona capiti imposita decernebat eum auis, & atauis stirpe processisse regia.
Helgaldus Floriacensis in vita Roberti Regis, filij Regis Hugonis Capeti.

I tuoi pregi più grandi, & immortali
Mira del primo Ciel ne' puri argenti
Come in Tempio d'honor lampe lucéti,
L'Idee delle maggior stirpi Reali.
Di queste il Ciel con ammirabil cura,
E con stupor del Tempo, e di Natura,
Scettri à Scettri innestádo, e fregi, à frè-
La Prosapia formò de' i Frâchi Regi; [gi
Che qual fiume di glorie
² Da' Monti di Corone, e fasci alteri
Trasse i fonti primieri
³ Et accresciuto ogn' or da copiosi
Torrenti di vittorie,
E da' più generosi
⁴ Riui di ságue Augusto ⁵ oltre gli Achei
⁶ Per interrotto, e limpido sentiero
Trà margini di palme, e di trofei
⁷ Inondò trionfante il mondo intero.

3 Posset Triumphalibus adoreis familiæ tuæ defatigari. *Sidonius Apollinaris lib. 7. Epist. 12.*
4 Incipe Cæsareas versemus ab ordine cunas. *Anonimus ad Carlum Caluum.*
Cui Prisca Propago Augustis venit à Proauis. *Sidon. Apollin. Carmine 2.*
5 Pro Achæis Scythis ex quibus posteriores Cæsares.
6 Nitido è sanguine splendor. *Anonimus de Ansberto ad Carlum Caluum.*
7 Per Danubium ad limitem Pannoniæ vsque in Oceani littoribus (custodiente Deo) dominatio nostra porrigitur. *Rex Theodobertus ad Iustinianum Imperatorem.*
De alijs mundi partibus. *Orosius lib.7. cap.21. Eutropius lib.9. Sidon. Apoll. Carmine 7. Cassiodorus lib.2. Epist. 41. Belga Anonimus in Panegirico Constantini; Procopius lib.1. de bello Gothico. Erchembertus, Helgaldus Floriacensis, & alij.*

Alfin trà l'auree sponde
Della Senna guerriera
Fissò la Reggia in cui benigna infonde
Grazie à nembi ogni sfera,
Et hor più che mai prodigo
Di contentezze eterce
Ad Ibera beltà Franco valore
Sù Talamo di Pace vnisce Amore.

La Lune.

Venez, peuples François. Venez vous Demy-
    dieux,

Esleuez vos regards jusqu'au premier des Cieux,

Et voyez dans son sein viure en despit des Par-
    ques

Ces pompeuses Maisons d'où sortent vos Monar-
    ques ;

C'est pour eux que le Ciel en diuerses saisons

Tira le plus pur Sang de ces grandes Mai-
    sons,

Et joignant Sceptre à Sceptre, & Couronne à
    Couronne,

Forma cette grandeur dont la terre s'estonne;

Ce Sang comme vn torrent de qui les flots guer-
    riers

Ne font naistre en ses bors que Palmes & Lau-
    riers,

Poussant en diuers lieux sa course vagabonde

Auoit en diuers temps inondé tout le monde ;

Mais enfin plus tranquile apres ces longs détours,

Dans cette heureuse terre il a borné son cours,

Terre où chacun des Cieux auec mesme abondance

Respend incessamment sa plus douce influance,

Où l'Amour dans vn lit par la Paix appresté,

Vient d'vnir la Valeur auecque la Beauté.

La Machine où descédoit la Lune s'ouure & fait voir 15. Dames representát 15. familles Imperiales, dont est issuë la Maison de France.

Choro di fiumi.

Dopo belliche noie
Oh che foauì goie !
A' dolcezze fi rare oltre ogni fegno
Gallia dilata il cor, nò men, ch'il Regno.

Cinthia.

Mà voi che più tardate inclite Idee ?
Vfcite ad inchinare
A N N A la gran Reina ,
Che le bell' Alme onde fperar fi dee
Che la ferie diuina
De' voftri alti Nipoti il Ciel confermi
Ambo fono di lei rampolli , e germi.
Vfcite à fefteggiare
Ch' in fi degna allegrezza à i voftri balli
Nelle Cerulee Valli
Già cede il campo offequiofo il Mare ,
E poiche qual dopo guerrieri honori
Della Beltà fù fpofo Ercole al fine,
Tal dopo mille allori
E nel primo confine
Di fua florida etade il Rè de' Galli ,
Sù quefte fcene a i lieti Franchi innante
Per accrefcer diletti
Riprenda hoggi i Coturni Ercole amante ,
E veda ogn' vn, che defiar non fà
Vn Eroïco valore.

Le Chœur.

Le Chœur.

Que nous gousterons bien cette douce allegresse
Apres l'ennuyeuse tristesse
Qu'ont produits en ces lieux la guerre & les combats :
France dans vn sort si propice,
Fais que ton cœur s'épanoüisse
Lors que le Ciel estend ta gloire & tes Estats.
LA LVNE, parlant aux Dames qui sont
dans la Machine.

Du Ciel où vous brillez depuis cent & cent lustres,
Descendez icy bas, ô Familles Illustres,
Venez rendre en ce jour vn homage éclatant
A cette Reyne Auguste à qui vous deuez tant,
Qui du couple Royal quasi Mere commune,
Semble seule auoir fait toute vostre fortune,
Et qui les estraignant d'vn Hymen bien-heureux
Vous promet pour jamais d'heroïques neueux :
Venez participer à cette grande Feste
Puisqu'à la celebrer le monde entier s'appreste,
Et que le plus mutin de tous les Elemens
Se retire & fait place aux diuertissemens :
Mais ce repos si doux, ces aymables merueilles
LOVYS, nous les deuons à tes penibles veilles,
Tes yeux toujours ouuerts au bien de ton Estat
Sont les Astres benins qui forment tant d'esclat;
Car nos celestes feux auec leur influence
Pour de si grands effets ont trop peu de puissance :
Toy seul peux en tout temps dãs ton sublime cours
Donner à l'Vniuers le calme & les beaux jours ;
Toy seul peux en tout temps d'vn œil doux & paisible
A tes moindres subjets deuenir accessible,
Pendant que redoutable aux plus puissans des Rois
Tu leur fais respecter & ton Throsne & tes droits :
Toy seul peux en tout tẽps à toy-mesme semblable,
Tantost aux champ de Mars paroistre infatigable,
Puis soudain mesnageant le loisir de la Paix
Reparer tous les maux que la guerre auoit fais,
Et dans tes premiers ans des-ja couuert de gloire
Par vn second Hymen couronner ta victoire.

La Reyne-
Mere.

La Mer se re-
tire & laisse
libre la partie
du Theatre
qu'elle occu-
poit.

Qui giù premio maggiore
Che di godere in pace altà Beltà.

Choro di fiumi.

Oh Gallia fortunata
Già per tante Vittorie,
Di Pace, e d'Imenei l'vltime glorie
Ti fanno oltre ogni speme hoggi Beata.
E à fin ch'à tuoi contenti
Gioia ogn'or s'augumenti
Ecco, ch'in tè si vede
Alba di noue glorie vn Regio Erede;
Per splender più di doppio sole ornata
Oh Gallia fortunata.

Le dette Idee descendono sù 'l palco à danzare, Quindi rientrate nella medesima machina, Questa si chiude, e le riporta in Cielo.

C'est ainsi que fameux par cet trauaux guerriers
Alcide à la Beauté consacra ses Lauriers;
Car le prix le plus noble & le plus magnifique
Dont se puisse payer la valeur heroïque,
C'est de pouuoir enfin auec tranquillité
Posseder plainement vne rare Beauté.

Le Chœur.

France par tes Lauriers des-ja si fortunée,
Que cette aymable Paix, que ce grand Hymenée
Te vont fournir encor de sensibles plaisirs,
Et borner doucement tes plus nobles desirs:
Mais pour comble de biens voy, bien-heureuse
*   France,*
Que d'vn nouueau LOVYS *la Royale naissance*
Vient t'asseurer encor pour des siecles entiers,
Et cette mesme Paix & ces mesmes Lauriers.

Les Dames descendent sur le Theatre pour danser vne Entrée de Ballet, & puis rentrent dans la Machine qui les reporte dans le Ciel.

ATTO PRIMO.

La Scena si cangia ne' lati in boscareccia, e nella prospettiua in vn gran paese contiguo alla Città d'Eocalia.

SCENA PRIMA.

Ercole.

Ome si beffa Amor del poter mio!
A me cui cede il Mondo
Farà contrasto vna Donzella? (oh Dio!)
Come si beffa Amor del poter mio!
Dunque chi tanti mostri
    Vide essangui trofei di sua fortezza
    Scempio farà di feminil fierezza,
    E trafitto cadrà da vn van desio?
    Come si beffa Amor del poter mio!
      Ah Cupido io non sò già
      Perche il Ciel soffrir ti deggia?
      Di Pluton l'horrida Reggia
      Vn di tè più reo non hà.
  O di quale empietà
Sacrilego Tiranno ogn'or riempi
Il credulo tuo Regno?
Mentre ne' di lui Tempi
L'adorate Cottine
Di grazia, e di Beltà
Non celano altro alfine
Ch'Idoli abomineuoli quà sono
Interesse, perfidia, orgoglio, e sdegno.
Così auuien per Iole
Che l'altar del cor mio
Sparga d'alti sospir malgrati i fumi,
E che vittima infausta io mi consumi.
    Ah Cupido io non sò già, &c.

ACTE

ACTE PREMIER.

La Scene se change en Bocage des deux costez, qui laissent
voir dans le fonds du Theatre vn grand païs
à perte de veuë.

SCENE PREMIERE.

Hercule.

Mour se mocque bien de toute ma puissance !
Moy, qui fier des lauriers acquis par cent exploits,
Vois le monde tremblant se soûmettre à mes loix,
Vne fille me braue & me fait resistance.
Amour se mocque bien de toute ma puissance !
Moy qui vois chaque iour quelque monstre abatu
Eleuer vn trophée à ma rare vertu,
Faut-il qu'atteint d'vn coup qui me couure de honte,
Ie cede sans effort à l'enfant qui me dompte ?
Amour, le Ciel te souffre, & je ne sçay pourquoy
Puisque l'enfer n'a rien de si meschant que toy,
Toy, Tyran, qui d'vn culte impie & ridicule
Remplis les cœurs seduits de ton Peuple credule,
Et leur fais adorer par vn charme odieux,
Sous les fausses beautez d'vn sexe imperieux,
Le Caprice, l'Orgueil, la Fourbe & la Colere,
Malignes Deitez, dont la gloire t'est chere.
C'est toy, cruel, qui fais qu'à demy consumé
Du feu qui dans mon cœur par toy fut allumé,
Insensé que je suis, moy-mesme je m'immole,
Victime malheureuse, à l'insensible Yole.

SCENA SECONDA.

Cala dal Cielo Venere con le grazie in vna Machina.

Venere, Ercole, Choro di Grazie.

Venere.

SE Ninfa à i pianti
Di veri amanti
Non mai piegheuole
Niega mercè;
Di ciò colpeuole
Amor non è.

Choro.   Se Ninfa a i pianti, &c.

Venere. Scoglio sì rigido
Mostro sì frigido
Non regge il Mar
Ch'amato al pari non deua amar.

Choro.   Scoglio sì rigido, &c.

Venere.   Ogn'Impero hà ribelli,
Transgressori ogni legge
Or come e questi, e quelli
Giusta forza corregge,
Si con soaue incanto
(Ch' al dominio d'Amore
Forza è la più conforme)
Superare à tuo prò spero il rigore
Che maligna fortuna,
Sempre al mio figlio auuersa
D'Iole in sen per tuo tormento aduna;
E godrai de miei detti
Oggi al Giardin de fiori i dolci effetti.

Ercole,   O Dea se tanto alle mie brame ottieni
Giusto fia ch' io t'accenda
Tutte d'Arabia l'odorate selue,
E che tutte à te suení
Dell' Erimanto le zannute belue,
Ch'il Ciel non può versare
De i contenti d'Amor grazie più care.

SCENE SECONDE.

Venus & les Graces descendent du Ciel
dans vne machine.

Venus, Hercule, Chœur des Graces.

Venus.

Toutes les fois qu'vne Beauté
Voit d'vn œil impitoyable
La rare fidelité
De l'Amant qu'elle a dompté,
L'Amour n'en est pas coupable.

Chœur des Graces.

Toutes les fois, &c.

Venus.

Il n'est rien d'animé
Sur la terre & sur l'onde,
Qui, s'il est bien aymé,
A l'Amour ne responde.

Chœur.

Il n'est rien d'animé, &c.

Venus.

Les plus grands Roys ont veu leurs villes mutinées ;
Les plus augustes Loix ont esté prophanées ;
Mais comme tous les jours & les Roys & les Loix
Par vne force juste authorisent leurs droits,
Mon pouuoir va dompter la rigueur importune
Qu'oppose à ton amour ta mauuaise fortune.
Par le secret effort d'vn doux enchantement,
(Effort le moins contraire aux respects d'vn Amant,)
J'abaisseray l'orgueil de l'inhumaine Yole :
Et pour n'esloigner pas l'effet de ma parole,
Sçache que dés ce soir, dans le jardin des fleurs,
J'amoliray son cœur, & secheray tes pleurs.

Hercule.

Si vous accomplissez cette grande promesse,
Ie vous vais immoler tous les Sangliers de Grece,
Et ce que l'Arabie a de bois parfumez
Par moy sur vos autels vont estre consumez,
Car de tant de faueurs que le Ciel nous enuoye
Rien ne nous touche tant que l'amoureuse joye.

Venere. Vanne al loco, e m'attendi, e fà ch' Iole
Pur vi si renda pria che manchi il sole,
Ch' io dell' armi prouista
Onde sua ferità vincer presumo,
Preuerrò diligente i di lei passi
Per dispor quiui pria, ch'ella vi giunga
Rouente acuto strale,
Che per te l'arda, e punga.
Strale inuisibile,
Ch' ineuitabile
Tal forza haurà,
Ch' all' insensibile
Piaga insanabile
Imprimerà.
Sù dunque ogni tristezza
Sia dal tuo cor sbandita,
Ch' in amor l'allegrezza
Come al Ciel più gradita
Con più felicità le gioie inuita.

Venere.
Ercole. } A 2. Fugano à vol
Dal bell' Impero
Del Nume Arciero
Le pene, e 'l duol
Choro. E in lui così
Gioie sol piouino,
E si rinouino
Quegli aurei dì.

Venere.
Ercole. } A 2. Struggasi il gel
D' ogni fierezza
Ogni amarezza
Il cangi in miel.
Choro. E in lui così, &c.

La Machina di Venere rimonta al Cielo.

Ercole. Infelice, e disperato
Mentre mestissimo
Vò notte, e dì,
Qual di bene inaspettato
Raggio purissimo
M' apparì?
Ah che s'acceso vn cor
Auuien mai che disperi,

Venus.

Venus.

Va m'attendre au jardin, & sur la fin du jour
Fais y trouuer aussi l'objet de ton amour,
I'y seray deuant elle, & ie me tiendray preste
A faire en ta faueur cette Illustre conqueste.
Ie vais prendre des mains de mon Fils bien-aymé
Le plus fin de ses traits & le plus enflamé,
Qui sçaura penetrer d'vne atteinte inuisible
L'extresme dureté de ce cœur insensible.
Ne crains donc plus, Hercule; & bannis de ton cœur,
Ce triste & sombre amas de peine & de langueur,
Car enfin l'allegresse est aux Cieux agreable,
Et semble attirer d'eux vn sort plus fauorable.

Venus & Hercule.

Bannissons promptement
De l'amoureux empire
La peine & le martyre;
Que le cœur d'vn Amant
Desormais ne soûpire
Que de contentement.

Chœur.

Que le cœur, &c.

Venus & Hercule?

Faisons que mille amours
Tiennent en esclauage
Le plus altier courage,
Et que ces heureux jours
Qu'on vit au premier aage
Renaissent pour toûjours.

Chœur.

Et que ces heureux, &c.

Hercule.

O Dieux! quel prompt secours, contre toute apparence,
Au fort de mon malheur, m'a rendu l'esperance;

E

Non sà come in Amor
Con ſourano poter fortuna imperi,
Di tal Nume alla poſſanza
Nulla inuincibile
Già mai ſi dà
Egli ogn'hor con gran baldanza
Fin l'impoſſibile
Ceder fà.

Choro. Ah che s'acceſo vn cor, &c.

SCENA TERZA.
Giunone.

E Vuol dunque Ciprigna,
Per far contro di me gl'vltimi sforzi
De più pungenti oltraggi,
Fauorir chi le voglie hebbe ſi inteſe
Ad offendermi ogn' hora,
Che ne gli impuri ſuoi principi ancora
Prima d'eſſer m'offeſe?
Chi pria di ſpirar l'aure
Spirò deſio di danneggiarmi, e doppo
Hauer dal petto mio
Tratti i primi alimenti al viuer ſuo
Con ingrata inſolenza
D'vccidermi tentando oſò ferirmi?
Ah ch' inteſi i diſegni
Mà non ſia ch'à disfarli altri m'inſegni.
Di reciproco affetto
Ardon' Hyllo, & Iole,
E ſol per mio diſpetto
L'iniqua Dea non vuole,
Ch' Imeneo li congiunga? anzi procura
Per mio ſcorno maggiore,
Ch' il nodo maritale ond' è riſtretto
Ercole à Dejanira alfin ſi rompa;
A ciò ch' Iole à queſti
Del di lei Genitore empio homicida
Con moſtruoſi ampleſſi oggi s'inneſti.
E con qual' arte oh Dio? con arti indegne
D'ogni anima più vil non che diuina.

Nel reſto de' nuuoli di detta Machina eſſendo aſcoſa Giunone, Queſta ſi diſcrdone aſſiſa in vn gran Pauone.

Ha! que l'Amant qui perd tout espoir d'estre aymé,
Des changemens d'Amour est bien mal informé!

La Machine de Venus remonte au Ciel, &
dans les nuages qui la suiuent Iunon cachée
se descouure peu à peu, & paroist assise sur vn
Paon.

SCENE III.

Iunon.

Venus croit donc que j'aye assez peu de courage
  Pour souffrir laschement que l'on me fasse outrage,
Et peut s'imaginer qu'il luy sera permis
D'éleuer vn Tyran chef de mes ennemis?
Elle protege Alcide, & sçait que sa naissance
A mes chastes amours fit vne indigne offense,
Et que tenant de moy son immortalité,
Luy-mesme a sur mes jours follement attenté.
Mais je sçay leur dessein, & je vay les confondre;
A la flame d'Illus Yole a sceu respondre,
Et prés de leur Hymen Venus veut l'empescher,
Moins pour plaire au Tyran qu'afin de me fascher,
Mais par quel art, ô Dieux! par vne vile addresse.
Dont le moindre mortel blasmeroit la bassesse,
Vn plaisir derobé n'est plaisir qu'à moitié,
Et lors que ce n'est point l'amour, ou la pitié
Qui rend vn cœur altier à nos vœux fauorable,
C'est peu pour satisfaire vn amour veritable.

Mà in Amor ciò ch' altri fura
Più d'Amor gioia non è
E vn infipida ventura
Ciò ch' egli in dono, ò ver pietà non diè.
In Amor ciò ch' altri fura.
Più d'Amor gioia non è.
Se non vien da grata arfura
Volontaria all' altrui fè
Cangia à fatto di natura
Come d' odio condita ogni mercè.
In Amor, &c.
Mà che più con inutili lamenti
Il tempo scarfo alla difefa io perdo?
Sù, portatemi ò Venti
Alla Grotta del Sonno, e d'Aure infefte
Corteggiato il mio Tron verfi per tutto
Pompe del mio furor fiamme, e tempefte.

Giunone parte e fà cader dalle nuuole della fua Machina, tempefte e fulmini che formano vna danza per fine del Primo Atto.

(Fine del primo Atto.

ATTO SECONDO.
La Scena fi cangia in vn gran Cortile del Palazzo Reale.

SCENA PRIMA.

Hyllo, & Jole.

Hyllo.
Iole. } A 2.

AMor ardor più rari
Accefi mai non hà,
Che quelli onde del pari
Le noftre Alme disfà
D'auuerfo Ciel le lampe
Contro di lui fi sforzino,
Ch'in vece, che l'amorzino,
L'arricchiran di vampe,

Yole.

Mais faut-il en difcours perdre vn temps precieux.
Vents, venez me porter en ces paifibles lieux,
Où libre des foucis dont l'ame eſt agitée
Le Sommeil ſe repoſe au ſein de Pafithée:
Partons, & qu'entouré de malignes clartez
Mon thrône foudroyant verſe de tous coſtez
Des éclairs allumez, des tempeſtes grondantes,
De ma juſte fureur les marques éclatantes.

Iunon retourné au Ciel, & des nuages qui l'enuiron-
nent elle fait tomber des tempeſtes & des foudres,
qui font la troiſieſme Entrée du Ballet, &
finiſſent le premier Acte.

Fin du premier Acte.

ACTE SECOND.

La Scene repreſente la cour d'vn grand Palais.

SCENE PREMIERE.

Illus, & Yole enſemble.

AMour n'a iamais eu de ſemblables douceurs
A celles que dans nos cœurs
Il verſe inceſſament d'vne égale meſure:
Que jaloux de noſtre auanture
Le Ciel tonne, & grondant ſur nos chefs bien-heureux,
Allume l'air troublé de mille éclairs affreux,
Loin d'eſbranler vne amitié ſi pure
Il en augmentera les feux.

G

Iole.   Pure alfine il rispetto
Di figlio al genitor fià ch' in tè cangi
Sì amoroso linguaggio.

Hyllo.   Che più tosto il tuo affetto
Non renda anch'egli al forte Alcide omaggio.

Iole.   Ah che forzar' vn Core
Nol' puote altri ch' Amore;

Hyllo.   E di riuale il titolo odioso
Qualunque altro bel Nome,
Che concorra con lui, rende otioso;
Vna sol vita il Genitor mi diede,
E per te, che mia vita
Molto più cara sei
Mille vite darei.

Iole.   E per tè sol mio bene,
All' empio vsurpator contenta i' cedo
Il Regno, e 'l mondo tutto, e te sol chiedo.

A 2.   Gare d'affetto ardenti
Deh' non cedete a i guai,
E nel goder non vi stancatè mai,
Che de' vostri augumenti
Nell' vguaglianza sol tutta si stà
L'amorosa felicità.

SCENA SECONDA.

Paggio, Iole, & Hyllo.

Paggio. Ercole à dirti inuia, ch'altro non bada,
Che di saper, se nel Giardin de' fiori
Di condurti à diporto oggi t'aggrada.

Iole.   Come fià, che ciò nieghi?
D'vn che soura di me le stelle alzàro
Son comandi anco i prieghi.

Hyllo.   Ahi qual torbido, e amaro
Velen presaga Gelosia m'appresta,
Di cui solo il timor già mi funesta.

Iole.   Non temere Hyllo caro:
Che non potrà mai violenza ardita
Togliermi à tè, senza à me tor la vita.

Yole.

Mais ie crains toutesfois dans l'heur que ie possede,
Qu'au respect paternel vostre amitié ne cede.

Illus.

Je dois craindre plustost que ce puissant vainqueur,
Comme il peut tout dompter, ne dompte vostre cœur!

Yole.

Vous sçauez que des cœurs Amour seul est le maistre.

Illus.

Resistez donc, Madame, & vous allez connoistre
Qu'vn pere, mon riual, par ce nom plein d'aigreur,
A corrompu du sang la force & la douceur.
Si la vie est vn bien que ie tiens de mon Pere,
La gloire d'estre à vous m'est mille fois plus chere;
Vne fois seulement il m'a donné le jour,
Ie le perdrois cent fois pour gagner vostre amour.

Yole.

Et pour vous seul aussi sans peine j'abandonne
A cet vsurpateur mes biens & ma couronne.

Illus, & Yole ensemble.

Reciproqués & doux transports
D'vne passion violente,
Que du sort ennemy les plus rudes efforts
Ne vous donnent point d'épouuante,
Et que des biens d'amour l'excessiue douceur
Vous laisse toute vostre ardeur.

SCENE II.

Illus, Yole, vn Page.

Yole.

Page, que voulez-vous?
       Le Page. *Hercule qui m'enuoye,*
Demande s'il pourra se promettre la joye
De vous parler ce soir dans le jardin des fleurs?

Yole, à Illus.

Puis-je le refuser?
     Illus. bas. *Ha! mortelles douleurs!*

Yole, au Page.

Puisqu'il a dans ces lieux vne puissance entiere,
Comme vn ordre absolu je reçois sa priere.

E quando anche in tal guisa
Ogn'vn meco ti perda amato Bene,
Qual miglior forte haurò, che cangiar pene?

Iole.　Da sì graue timor l'Alma disuezza,
Che quanto Ercol per me palesa affetto,
Tant' hà rispetto, ed io per tè fermezza.
Torna, dilli, ch' io vado: Hyllo vien meco.

E quando io non son teco?
Se douunque il mio piè giri, ò la mente
T'adoro ogn' hor presente.
　　Chi può viuere vn sol' instante
　　Lunge dal Bello che l'inuaghì,
　　Dica pur, ch'in lui morì
　　Ogni pregio di vero Amante;
　　D'amore il foco
　　Per ogni poco
　　Ch' intiepidiscasi giaccio diuiene,
　　E le di lui catene
　　Più strettamente auuolte
　　Ogni poco, che cedano, son sciolte.

Iole.　O gloria
　　D'Amor più nobile
　　Con fede immobile
　　Sempr' arder più;
　　Memoria
　　Non mai vi fù,
　　Che la Vittoria
　　Mancassi tù.
　　Si sciogliono
　　Qual' hor gl'instabili
　　Rei più dannabili
　　Amor non hà
　　Lo spogliono
　　Di Deità
　　Poiche gli togliono
　　L'eternità.

Illus.

Ha ! jalouſe fureur, dont le terrible abord
Semble dés ce moment me preſager la mort !

Yole.

Auant qu'à voſtre amour Yole ſoit rauie,
Elle perdra cent fois & le ſceptre & la vie.

Illus.

Mais en ſeray-je mieux quand vous ne ſerez plus ?

Yole.

Illus, raſſeurez-vous, vos ſoins ſont ſuperflus,
Quoy que voſtre Riual ait l'humeur violente,
Il eſt reſpectueux, & moy je ſuis conſtante.
Parlant au Page. Va, dis-luy que j'y vais. Vous, Illus, ſuiuez-nous.

Illus.

Helas ! je ne puis eſtre vn ſeul moment ſans vous,
Et ſi-toſt qu'vn inſtant vous dérobe à ma veuë,
Mon cœur ſuit la beauté que mes yeux ont perduë.
Celuy qui peut viure vn moment
Loin du bel objet qui l'enflame,
Ne doit plus s'appeller Amant ;
Et l'amoureux embraſement
Dés qu'il s'allentit en noſtre ame,
S'eſteint apres bien promptement.

En amour, la gloire ſuprême
Eſt à ſuiure ce que l'on ayme
Toûjours de plus en plus aſſeruy ſous ſa loy ;
Et dans les doux combats, que ce Dieu nous apreſte,
On ne manque point de conqueſte
Que lors qu'on a manqué de courage ou de foy.

SCENA TERZA.

Paggio.

E Che cosa è quest' Amore?
  Di cui parlan tanto in Corte,
E canzon di mille sorte
Di lui cantano à tutt' hore.
Egli è qualche Ciurmadore
Poi che à quel, che sento dire
(Senza punto intender come)
Mentre à stille dà il gioire
E il penar dispensa à some,
Fassi il Mondo adoratore
Egli è qualche Ciurmadore.

   Di vederlo ebbi gran brame
Mà poi seppi, ch' è impossibile,
Ch' egli sia già mai visibile
Perche sempre, è con le Dame,
E che queste al finger dotte
Si lo tengano celato,
Come s' ei stesse appiattato
Dentro le Cimmerie Grotte.

SCENA QVARTA.

Dejanira, Licco, Paggio.

Licco. BVon dì gentil Fanciullo ?
Paggio. E buona notte.
Licco. Mà doue in tanta fretta ?
Paggio. A far da gran Messaggio.
Licco. Ascolta vn poco, aspetta;
  Che sò qual possa hauer faccende vn Paggio.
  Paggio. E che tu sai? ch' Iole
    Ad Ercole.
  Licco. T'inuia.
  Paggio. Si affè m'inuia;

SCENE III.

Le Page.

QVel est donc cet Amour dont on parle sans cesse,
Et pour qui tout le monde à la Cour s'interesse ?
Cet imposteur malin seduit tous les esprits ;
Qui, sur ce qu'on en dit, l'a jamais bien compris ?
Vn mesme cœur, dit-on, le cherche & le redoute.
Il ne verse jamais les biens que goute-à-goute,
Et respand à grands flots les peines & les pleurs ;
Et cependant par tout a des adorateurs :
Ie brusle de le voir, mais c'est chose impossible,
Car il a le secret de se rendre inuisible ;
Iamais de le trouuer on n'est bien asseuré,
Le beau sexe où l'on croit qu'il se soit retiré
Nous le cache sans cesse auecque tant de ruse,
Que souuent le cherchant le plus adroit s'abuse.

SCENE IV.

Dejanire.   Licas.   Le Page.

Licas.

BOn jour, le beau garçon.
    Le Page.   c *Et bonne nuict.*
       Licas.   *O Dieux !*
Pourquoy si promptement t'éloigner de ces lieux ?
       Le Page.
Ie suis pressé d'aller pour chose d'importance.
       Licas.
Tu nous refuserois vn moment d'audience ?
       Le Page.
Oüy, car l'affaire presse, & je sçay mon deuoir.
       Licas.
Ie sçay bien quelle affaire vn Page peut auoir.
       Le Page.
Quoy ? tu pourrois sçauoir qu'Yole auecque joye
Vers Alcide.
    Licas.   *T'enuoye.*
      Le Page.   *Oüy sans doute m'enuoye.*

Licco. A dirgli.

Paggio. E vero à dirgli.

A 2. Ch' al giardino de' fiori
Ella si renderà com' ei desia.

Paggio. Sei tu qualche indouino?

Licco. E ben famoso,
Ch' in simil guisa à me nulla è nascoso.

Dejanira. Ah crudo, ah disleale,
Ah traditore, ingrato,
Ah scelerato, & empio
Dell' Amor congiugale,
Trà noi tanto giurato

Qui dunque hai scelto il luogo à farne scempio?
Ah Dejanira ogni ristor dispera,
Ch' à morir di dolor sei destinata.

Paggio. Che? cotesta straniera
Anch' essa è innamorata?

Licco. Così mi dice, mà d'Amor ben vero,
Come saggio io non credo,
Ch' a gli huomin poco, & alle donne vn zero.

Paggio. Basta per questa Corte ogn' or volare
Si vede vn sì gran numero d'amori,
Che non habbiamo à fare,
Che ne vengan di fuori,
Ama Hyllo Iole riamato, e l'ama
Ercole assai maluisto, ama Nicandro
Licori, e questa Oreste, e Oreste Olinda,
E Olinda, e Celia scaltro
Aman le gemme, e l'oro,
E Niso, & Alidoro aman cent' altre,

Licco. E per che hà in odio Iole
Ercole?

Licas.

Luy dire.

Le Page. Il eſt tout vray, luy dire.

   Tous deux enſemble. *Que ce ſoir*
Dans le jardin des fleurs elle veut bien le voir.

    Le Page.

Mais eſtes vous deuin?

     Licas. *Ma ſcience eſt ſi belle*
Qu'il n'eſt point de ſecret qu'ainſi je ne reuele.

    Dejanire.

Hercule, ingrat Eſpoux, impie & déloyal,
C'eſt ainſi que tu romps ce lien coniugal,
Qu'vne fidelité cent & cent fois jurée
Deuoit rendre entre nous d'éternelle durée?
Helas! n'eſperons plus de voir finir nos pleurs,
Mon ſort eſt de mourir au milieu des douleurs.

    Le Page.

Cette Eſtrangere encor ſent l'amour de ſes flames.

    Licas.

Elle le dit, mais moy qui connois bien les femmes,
Je croy que de ce feu dont on ſe plaint par tout
Les hommes en ont peu, les femmes point du tout.

    Le Page.

Jl eſt dans cette Cour des amours à douzaines,
Sans qu'il en vienne encor des Prouinces lointaines;
Car Illus ayme Yole, & d'Yole eſt aymé;
Auec moins de ſuccés Hercule en eſt charmé;
L'ingrate Lycoris, de Nicandre adorée,
Ayme le jeune Oreſte à la treſſe dorée;
Cet Oreſte ayme Olynde & pour elle eſt conſtant;
Mais Olynde & Celie ayment l'argent comptant;
Alidor & Niſus d'vne humeur plus volage
A cent autres beautez tous les iours font hommage.

    Licas.

Mais pourquoy donc Yole a-t'elle auerſion
Pour Hercule qui l'ayme auecque paſſion?

I

Paggio. Perchę vccife Eutyro ?

Licco. Et ama
 Il figlio poi di chi gli vccife il Padre?
 Hà la pianta in horrore, & ama il frutto?
 Che vuoi giocar ch'io sò
 La ragion che di ciò
 Ella in fe couáne?
 Vn d'efsì è troppo adulto,e l'altro è giouane.

Paggio. Fin da principio Iole ardea per Hyllo
 Onde per compiacerla
 Le già date promeffe
 Delle nozze di lei ritolfe Eutyro
 Ad Ercole, ch'al fin fi mal foffrillo,
 Ch'vna tal dalla figlia opra gràdita
 All' infelice Ré coftò la vita.
 E tù, ch'il tutto fai
 Non fai,ch'Ercol' m'attende?e ch'egli è amante?
 E che fra quanti mai
 Ardono al mondo d'amorofa fiamma
 Non v'è di pazienza vna fol dramma.

SCENA QVINTA.

Dejanira, Licco.

Dejanira. Mifera, oimè, ch' afcoltò
 Non sò, fe più gelofa
 Effer dèa come Madre, ò come fpofa;
 Che commune è 'l periglio
 Allà mia fede congiugale, e al figlio;
 Almen con foffrir l'vno
 Schiuar l'altro poteffi :oh Dio qual forte
 Prefiffe iniquo fato a i miei Natali
 Ch' io foffra à doppio i mali
 Ne per fchiuarne alcun bafti mia morte.
 O prefagi funefti?
 Ercol fpirti non hà, fe non feroci,
 E non ferian già quefti
 I di lui primi parricidi atroci.
 Come mal mi lafciai
 Strafcinat da' miei guai
 A quefte Eubee contrade,
 Oue il deftin mi fabricò l'Inferno:

Le Page.

Elle ne peut aymer l'assassin de son Pere.

Licas.

Si de la mort d'Eutyre elle a tant de colere,
Peut-elle aymer Illus fils de son assassin?
Ie voy bien le secret qu'elle cache en son sein,
Et le Pere & le Fils sont vers elle coupables,
Mais tous deux ne sont pas également aymables,
Et le Pere a des-ia passé ses plus beaux ans
Quand à peine le Fils entre dans son Printemps.

Le Page.

Illus fut de tout temps le bien-aymé d'Yole,
Et ce fut pour complaire à cette amour friuole
Qu'Eutyre, vn peu trop tendre, osa rompre l'accord
Qui d'Alcide à sa Fille auroit vny le sort,
Ce qu'Alcide souffrit auec tant de furie
Qu'au malheureux Eutyre il en cousta la vie.
Mais vous qui sçauez tout, vous deuez bien sçauoir
Qu'Hercule qui m'attend, brusle de me reuoir,
Et qu'entre les vertus dont vn amant se pare
Touiours la patience a paru la plus rare.

SCENE V.

Dejanire. Licas.

Dejanire.

Dieux! que viens-je d'oüir? le croiray-ie de vous,
Trop chery mille fois, & trop ingrat Espoux?
En quelle qualité dois-ie estre plus ialouse,
Comme Mere d'Illus, ou comme vostre Espouse?
Car vostre nouueau feu met en peril esgal
Le salut de mon fils & le nœud coniugal,
Que de ces deux grands maux qui composent ma crainte,
Ne puis-ie en souffrant l'vn, fuir de l'autre l'atteinte!
Mais l'vn s'attache à l'autre, & dans mon triste sort
Ie ne les sçaurois mesme esuiter par ma mort.
Hercule est violent, & son cœur sanguinaire
N'esteint que dans le sang l'ardeur de sa colere.
Ha! que mal à propos mon amour curieux,
Pour m'accabler d'ennuis, m'a conduite en ces lieux!

Ora, ahi laſſa, diſcerno
Quanto meglio era entro le patrie mura
Di Calidonia ſoſpirar piangendo
Miei dubbi oltraggi, che con duol più horrendo
Eſſerno qui ſicura,
   Ahi ch' amarezza
   Meſchina me,
   È la certezza
   Di rotta fè!
  Ahi come, oimè,
   La Geloſia
   Di furie l'Erebo impouerì,
   E l'alma mia
   Ne riempì.

S'in Amor ſi raddoppiaſſero
   Tutti i guai, tutti i tormenti,
   E ch' in lui ſolo mancaſſero
   I ſoſpetti, é i tradimenti
   Fora Amor tutto dolcezza;
   Ahi ch' amarezza, &c.

Licco. Ah fù ſempre in Amor ſtolto conſiglio
  Il cercar di ſapere,
   Punto di più, che quel baſta à godere;
   Copron l'indiche balze
   Sotto aſpetto villan viſcere d'oro;
   Mà ben contrario affato
   L'amoroſo terreno
   Sotto vna ſuperficie pretioſa
   Sol cattiua materia hà in ſè naſcoſa,
   Onde chi vuole in lui
   Gir ſçauando tal' or con meſta proua
   Più s'inoltra à cercar peggio ritroua;
   Ben lo dicea, che noi ſariam venuti
   A incontrar pene, e riſchi;
   Ah che d'Ercole irato
   Qualche ſtral ben rotato
Parmi ſentir, ch' intorno à me già fiſchi.

Dejanira. Ah Licco il cor ti manca, ohimè, che fiì
  Di me ſenza il tuo ajuto?

Et qu'il

Et qu'il m'estoit plus doux d'estre en Grece à me plaindre
Des malheurs incertains que l'absence fait craindre,
Que d'errer vagabonde, & par tant de trauaux
Me venir plainement asseurer de mes maux.

    Que nous sentons vn mal extrême,
    Quand auecque trop de clarté
    Nostre ame, de l'obiet qu'elle ayme,
    Voit toute l'infidelité!

Qu'Amour de tous les cœurs soufmis à son empire
Redouble incessamment la peine & le martyre,
S'il en oste la fourbe & les soupçons ialoux
L'Amant le moins heureux sera contraint de dire
    Que l'empire d'Amour est doux.

Licas.

(En amour c'est toûiours vn dessein temeraire)
De vouloir plus sçauoir que ce qui nous peut plaire,
Si les Monts Indiens sous vn aspre dehors
Cachent des veines d'or les precieux thresors,
L'Amour tout au contraire abusant l'esperance
Couue cent maux cachez d'vne belle apparence,
Et qui dans son secret veut aller trop auant,
Deuient plus malheureux, plus il deuient sçauant.
Ie vous l'auois bien dit, qu'en ce maudit voyage
La peine & les dangers seroient nostre partage.
Dieux ! ie croy que des-ia i'entens autour de nous
Siffler les traits mortels que lance vostre Espoux.

Dejanire.

Quoy donc dans le besoin ton courage s'estonne,
Que deuiendray-ie, helas! si Licas m'abandonne.

K

Licco. Ah Dejanira:
   Dunque, dunque tù temi?
   Io non hò già pauura.
Dejanira. E in tanto tremi.
Licco. Mà vè; poiche nel mondo
   Ogni cofa hà mifura;
   Forz' è che l'habbia ancor la mia brauura
   E fi come trà quelli,
   Che fè nemico Ciel fenza danari
   Chi hà quattro foldi è ricco:
   Così per brauo io folamente fpicco
   Fra tutti quanti li poltron miei pari.
Dejanira. Dunque che far dourem?
Licco.   N'han già cangiati
   In guifa tal quefti abiti villani,
   Che fe guardinghi andremo
   Ad altro non potrà, ch'alla fauella
   Ercole riconofcerne: per tanto
   Auuertir ne conùiene
   Che qualche beffa, ò crocchio
   (Grazie, ch'alli ftranier verfa ogni Corte)
   Non c'irriti à parlare, e di tal forte
   Farem la guerra all' occhio.

SCENA SESTA.

La Scena fi cangia nella grotta del Sonno.

Pafithea, il Sonno, Coro d'Aure,
   e Rufcelli.

Pafithea. Mormorate
   O' fiumicelli
   Suffurate
   O Venricelli,
   E col voftro fufurro, e mormorio
   Dolci incanti dell' oblio,
   Ch' ogni cura fugar ponno
   Lufingate al fonno il Sonno.

Licas.

Hercule aux plus vaillans à donné de l'effroy,
Et vous le redoutez peut-estre autant que moy.

Dejanire.

Ie le tesmoigne moins,

Licas.

Mais par nostre industrie,
Madame, s'il se peut esuitons sa furie.

Dejanire.

Dis donc, que ferons-nous?

Licas.

Ces habits villageois
Nous desguisent si bien, que rien que vostre voix
Ne nous peut descouurir aux yeux d'Hercule mesme;
C'est pourquoy nous deuons auec vn soin extresme
Garder qu'aucun affront, ny mauuais traitement,
Graces qu'aux estrangers on donne largement,
Ne nous fasse eschapper à trop d'impatience
Et nous oblige enfin à rompre le silence.

SCENE VI.

La Scene represente la grotte du Sommeil.

Pasithée, le Sommeil, Chœur de Zephirs & de Ruisseaux.

Pasithée.

MVrmurez, ô Ruisseaux, & vous charmans Zephirs,
    Par le doux bruit de vos soupirs,
Esloignez tout soucy du bel oblet que i'ayme,
Et flatez le sommeil du Dieu du Sommeil mesme:

Chi da ver' ama,
Vie più il diletto
Del caro oggetto
Che 'l proprio brama,
Quind' è ch' io posi
La notte, e 'l die
Le contentezze mie
Del Consorte gentil ne' bei riposi.
Mormorate.
O fiumicelli, &c.

Choro. Dormi, dormi, ò Sonno dormi
Frà le braccia à Pasithea
Ninfa hauer non ti potea
Più d'affetti à tuoi conformi:
Dormi, dormi, ò Sonno dormi.
Dormi, dormi, ò Sonno dormi
Soura à te gli amori istessi
Lente mouano le piume;
E al tuo cor placido Nume,
Gelosia mai non appressi
De' suoi rei sospetti i stormi
Dormi, dormi, ò Sonno dormi.

SCENA SETTIMA.

Cala Giunone dal Cielo.

Giunone, Pasithea, il Sonno, Choro d'Aure,
e Ruscelli.

Pasithea. O Dea sublime Dea,
E qual nuouo desio
A quest' umile albergo oggi ti mena?

Giunone. Zelo dell' honor mio
E della fede altrui
A me già sacra, e da sacrarsi, à cui
E frodi, e violenze altri prepara,
Onde per fare à ciò schermo innocente
Sol per vna breue hora
Di condur meco il Sonno vopo mi fora.

Quand

Quand nous aymons sincerement,
Nous pensons toute nostre vie
A chercher le contentement
Du bel obiet qui fait nostre tourment,
Plus qu'à contenter nostre enuie.
C'est ainsi que ie mets mon plaisir le plus doux
Dans le profond repos de mon aymable Espoux.

Chœur.

Dans le beau sein de celle qui t'adore
Repose, heureux Espoux, & dors tranquilement,
Il seroit mal-aisé d'en trouuer vne encore
D'vne humeur si conforme à ton temperament:
Que d'vne aisle lente & discrete
Les Amours voltigeans craignent de t'esueiller;
Que la Ialousie inquiete
Loin de toy pour iamais te laisse sommeiller.

SCENE VII.

Iunon descend du Ciel.

Iunon. Pasithée. Le Chœur.

Pasithée.

Quelle auanture donc impreueuë & nouuelle,
Grande Reine des Cieux, icy bas vous appelle?

Iunon.

Pour vn besoin pressant, ô Nymphe, accorde-moy
Que i'emmeine vn moment ton Espoux loin de toy,
Il y va de ma gloire, il y va de defendre
Vne ieune beauté qu'on s'appreste à surprendre.

L'

Pafithea. Ohimè di nuouo esporre
    Di Gioue all'ire ogni mio ben vorrai?
    Nò, ciò non fià più mai.

Giunone. Non temer Pasithea,
    Che solo è mio pensiero
    Di valermi di lui con men che Numi
    Di già soggetti al di lui pigro impero.

Pafithea. E di ciò m'afficuri?

Giunone. S'ancor vuoi che te'l giuri
    Su 'l Germano di lui lo Stigio Lethe.

Pafithea. Basta Giuno: quiete
    Son già mie voglie al tuo desir sourano.

Giunone prè-
de nel suo
carro il Son-
no e parte.
Giunone. Porgilo dunque à mè, Diua, pian piano,
    Dell'amorose pene
    Sospirato ristoro,
    Vital dolce tesoro,
    Ch'il mondo più che Cerere mantiene
    Dal neghittoso speco
    Soffri di venir meco,
    Ch'Amore hoggi dispone
    Contro l'empia insolenza
    Di straniera potenza
    Della sua libertà farti campione.

Tutti. Le rugiade più pretiose
    Tuoi papaueri ogn'or bagnino,
    E per tutto gigli, e rose
    Co' lor aliti t'accompagnino.

Pafithea. Vanne, e fà breue dimora,
    Che s'il tuo tardar noioso
    Ad ogn'vn tanto è penoso,
    Che sarà per chi t'adora?
    Et Amore hà ben la gloria
    Di saper nel Sonno ancora
    Tener desta la memoria.

Tutti. Le rugiade più pretiose
    Tuoi papaueri ogn'or bagnino, &c.

Li sogni giacenti per la grotta formano sognan-
do la 4. danza per fine del 2. Atto.

Pasithée.

Quoy ? de nouueau ce bien qui m'est si precieux,
L'exposer au courroux du plus puissant des Dieux ?

Iunon.

Non, non, si du Sommeil i'emprunte l'assistance,
C'est contre des mortels soufmis à sa puissance.

Pasithée.

Puis-ie m'en asseurer ?

Iunon.

Ie te le iure.

Pasithée.

Hé bien,
Vostre desir, Deesse, est secondé du mien.

Iunon.

Sus donc, tout doucement souffre que ie le prenne.
Vien, cher soulagement de l'amoureuse peine ;
Vien, doux thresor de vie, & consens que l'Amour
Dans vn combat fameux te choisisse en ce jour
Pour defendre ses droits & vanger sa puissance,
Qu'attaquent à la fois l'art & la violence.

Le Chœur.

Que de perles & de rubis
Tes Pauots arrosez tous les iours reuerdissent ;
Et que les Roses & les Lys
Te parfument par tout & sous tes pas fleurissent.

Pasithée.

Va donc, mon cher Espoux, mais reuiens promptement :
Car si tout autre souffre en ton retardement,
Voy quel sera l'ennuy de celle qui t'adore ;
Souuiens-toy du beau feu qui pour toy me deuore ;
Et nous fais voir qu'Amour a droit d'entretenir,
Mesme dans le sommeil, vn vif ressouuenir.

Iunon emmeine dans son Char le Sommeil, & les Songes
qui estoient couchez dans sa grotte se leuent & font
la quatriesme Entrée du Ballet, & la fin
du second Acte.

ATTO TERZO.

Si cangia la Scena in vn Giardino d'Eocalia, e Venere cala dal Cielo a terra, in vna nuuola che sparisce.

SCENA PRIMA.

Venere, Ercole.

Venere. Ol s'inarcan gli Emisferi
Per stupor
Che trouar l'Inferno io speri
Più cortese hoggi, ch'Amor,
Mà per me fin dalla cuna
Fù geloso ei del suo imper,
E vi soffre di fortuna
Il tyrannico voler,
Che timor non gli arreca,
Compagnia nel regnar pur che sia cieca.

Ercole. E per me cangi ò Dea
Le delitie del Ciel con questo suolo?
Ed'or perche non manda
La palude Lerneà
E la Selua Nemeà
Nou' Idre, altri Leoni à far qui meco
Gloriosi contrasti,
Onde à tè formi ò Dea grati olocausti?

Venere. Pur ch'io giunga à cangiar nel crudo seno
D'Iole il core, e te lo renda amante
Nè trarrò tal piacere,
Che fia d'ogni opra mia premio bastante,
Mira quest' è la Verga onde fà Circe
Magiche marauiglie;
Al di cui moto vbbidienti ancelle
Per patto inalterabile son tutte
De lidi Acherontei l'anime felle
Hor' in virtù di sì potente stelo

ACTE

ACTE III.

La Scene se change en vn Iardin, & Venus descend du Ciel
dans vn nuage qui disparoist incontinent.

SCENE PREMIERE.

Venus. Hercule.

Venus.

L E Ciel s'estonne, & ne sçauroit comprendre,
Pour quel sujet ie puis attendre
Des Dieux de l'Infernale Cour
Plus de faueur que de l'Amour;
Mais ce petit Ingrat, qui de moy prit naissance,
Pour moy seule ialoux de son authorité,
Partage souuent sa puissance
Auècque la Fortune, aueugle Deité,
Et ne veut prendre confiance
Qu'en ceux qui comme luy sont priuez de clarté,
Et comme luy despourueus de constance.

Hercule.

Deesse, en ma faueur vous honorez ces lieux
Du plus brillant esclat dont se parent les Cieux:
Monstrès, en ce transport d'vn respect legitime,
Naissez pour deuenir de Venus la victime.

Venus.

Si ie te puis liurer le bien que tu pretens,
Ma gloire est satisfaite, & mes desirs contens,
Regarde cette verge en miracle feconde,
Qui soûmet à Circé l'Empire du bas monde,
Et fait mouuoir, soûmis à ses commandemens,
Tous les Dieux sousterrains & tous les Elemens,
Par son diuin pouuoir cette verge enchantée

M

Nasce di sotto terra la sedia incantata fata di herbe è di fiori.

Doue tocco la terra
Nascerà seggio erboso in cui riposte,
Dà spiriti lasciui à ciò costretti
Le Mandràgore oscene
Di pallido color la Lidia pietra
E d'amórose Róndinelle i cori
Faràn, ch'Iole, allor, ch'in lui s'affida
Cangi per te il suo sdegno in dolci amori.

Ercole.   Diua ad opre sì rare
Insolito tremor tuto mi scuote,
E poi ch'esser non puote
Timor (da me non conosciuto ancora)
Eorz' è che sia per inspirar superno,
Di futuro gioir presagio interno.
Mà pur nel pensier mio sceman di pregio
Quelli, ch'à me prometti
Sospirati diletti,
Qual' hor lasso m'auueggio
Ch'à far miei dì giocondi
Tratte non fian tai gioie
Dal mar d'Amor, mà da gli stigij fondi.

Venere.   O di questa Canzon Pur che tù goda
Ch' importa à tè
Che sia per froda
O per mercè?
Pur che tù goda
Ch' importa à tè?
Ch' altro è l'amare?
Ch'vn guerreggiare,
Oue in trionfo egual lieti sen vanno
Il valor', e l'inganno,
Infelice non sai?
Che nel gran Regno del mio figlio arciero
Non v'è (tolto il penar) nulla di vero.
Prendi il crin, che fortuna
Per mia man t'offre in dono:
Torbido riuo ancora
Spegne sete infinita,
E per languida inedia vn che si mora

Va par mamain puiſſante en cet endroit portée,
Produire vn ſiege herbeux, où par force excitez
Les Demons amoureux viendront de tous coſtez,
Y porter à l'enuy les pierres & les plantes
Qui iettent dans les cœurs des flammes violentes
Afin que leur ſecrette & neceſſaire ardeur
D'Yole en vn moment diſſipe la rigueur.

Il naiſt de
la terre vn
ſiege en-
chanté cou-
uert d'her-
bes & de
fleurs.

Hercule.

Parmy tant de faueurs que ta bonté m'octroye,
Quel tremblement m'agite, & ſe meſle à ma ioye,
Sans doute la frayeur ne l'a pas prouoqué,
Elle de qui iamais ie ne fus attaqué;
Ce ſubit changement n'eſt qu'vn ſecret augure,
Du bien heureux ſuccés qu'aura cette auanture;
Mais enfin quelque ardeur dont mon cœur ſoit ſurpris,
Le plaiſir que i'attens perd beaucoup de ſon prix,
Quand Amour me fait voir qu'il faut que ie l'obtienne
De la faueur d'Enfer, & non pas de la ſienne.

Venus.

Aprens cette chanſon, trop delicat Amant;
    Pourueu qu'on ait contentement,
    N'importe par qui, ny comment;
    Pourueu qu'on entre en ioüiſſance,
Qu'importe que ce ſoit ſurpriſe ou recompenſe;
Amour eſt vne guerre, où toujours le vainqueur
    Triomphe auec meſme allegreſſe,
    Soit qu'il ſurmonte par adreſſe,
    Ou par l'effort de ſa valeur.

Helas! ne ſçais-tu pas qu'en l'amoureux empire
Tout eſt vain, tout eſt faux, excepté le martyre?
Prens donc aueuglement la belle occaſion
Que cet enchantement offre à ta paſſion:

48

Non fceglie i cibi à foftenerfi in vita:
Mà mentre à tè giufta ragion m'inuola
Se d'altro vopo ti fia
Mercurio inuierò, chè ratto vola.
A 2. E perche Amor non fà,
Ch'all'amorofa fchiera
Sol delle gioie fue fia difpenfiera
O ragione, ò pietà?
E perche crudeltà
Perche il rigor,
In guardia ogn'or le haura?
Dunque per inuolarle ogn'arte ancor
Lecita altrui farà:
D'vn'ardente defio giùnger'al fegno
Sì, sì, gioco è d'ingegno.

SCENA SECONDA.

Ercole. Paggio.

Ercole.   AMor contar ben puoi
Frà tuoi non minor vanti
Che dell'ardir, che torre à mè non feppe
Co' latrati di Cerbero, & orrendi
Strepiti fuoi lo fpauentofo abiffo;
Tù difarmato m'hai, sì ch'io, che colfi
Ad onta del terribile cuftode,
Con intrepida man l'Efperie frutta,
Quafi di foftenere or non ardifco
L'auicinar del bel per cui languifco.
O quale inftillano
In arfo petto
Rai, che sfauillano
Di gran beltà;
Vmil rifpetto,
Baffa Vmiltà:
Il Ciel ben sà
A' sì fuprema
Adorabil Maeftà,
S'ei pur non trema?
Paggio. Sarà com' hai difpofto
Iole qui ben tofto.
Ercole. E doue la t rouafti?

Mais

Mais contrainte à partir pour vne autre auanture,
Pour t'ayder au besoin, i'appelleray Mercure.

Hercule.

Que la raison ou la bonté
Ne sont-elles toujours maistresses
Des amoureuses richesses!
Et d'où vient que l'orgueil & l'inhumanité
Ont eu pour les garder toute l'authorité?
Mais enfin dans ce sort, dont la rigueur nous blesse,
Peut-on iamais blasmer ou la force ou l'addresse
Par qui de leur pouuoir ce tresor est osté?

SCENE SECONDE.

Hercule. Le Page.

Hercule.

AMour, tu le sçais bien, i'ay veu l'affreux Cerbere
De tous ces trois gosiers escumer de colere,
Et sans m'en estonner, iusqu'au fond des Enfers
J'ay de ses prisonniers osé briser les fers:
Malgré leur fier Dragon, les pommes Hesperide
Deuinrent le butin de mes mains intrepides:
Et moy-mesme, qui vis ces dangers sans effroy,
Timide, maintenant, & desarmé par toy,
Ie ne puis soustenir sans vne crainte extresme
L'approche de l'obiet que ie cherche & que i'ayme.

O que les traits d'vne rare beauté
Inspirent dans vn cœur qui pour elle soupire,
De respect, de foiblesse, & de timidité!
Les Dieux qui tiennent tout soumis à leur empire,
Tous grands qu'ils sont, n'oseroient dire
Que près d'vn obiet plein d'appas
Quelque fois ils ne tremblent pas.

Le Page.

Seigneur, suiuant vostre ordre, Yole est preparée
A venir en ces lieux.

Hercule. Où l'as-tu rencontrée?

N

Paggio. Nel Cortil regio à fauellar d'Amore,

Ercole. A fauellar d'Amor? con chi? deh dillo
   Del' Amor mio?

Paggio. Dell' Amor suo con Hyllo.

Ercole. Come? Dunque il mio figlio
   Mio riuale diuenne?
   A tal temerità sarebbe ei giunto?
   Tù non hai ben compreso
   Semplicetto garzone.

Paggio. Eccoli appunto.

SCENA TERZA.

Ercole, Iole, Hyllo, Coro di Damigelle, e Paggio.

Ercole. BElla Iole, e quando mai
   Sentirai
   Di mè pietà?
   Chi la chiede al tuo rigore
   Hà valore
   Per domare ogn' impietà
   Mà non fia, che teco impieghi
   Sè non prieghi
   E mesti lai;
   Bell'Iole, e quando mai?

Iole. Quando il mio cor capace
   Fosse d'vn lieue Amor per chi m'vccise
   Il Genitor diletto
   Hauer per me douresti
   Orrore, e non affetto,

Ercole. Ah Bella Iole
   A sì gran crime, e di sì gran castigo
   Degno, qual per me fora
   L'impossibilità dell' Amor tuo?
   Imputar mi vorrai
   Vna proua fatale,
   Et vn' impulso senza freno, oh Dio,
   Dell' infinito ardor, dell' amor mio?

Le Page.

Dans la Cour.

Hercule. *Qu'y fait elle?*

Le Page. *Elle y parle d'amour.*

Hercule.

De mon amour, sans doute? Auec qui de la Cour?

Le Page.

Seigneur, elle parloit auec Illus qui l'ayme,
Du feu que pour luy seul elle sent elle mesme.

Hercule.

Quoy donc, ainsi mon fils deuiendroit mon riual?
Quelle temerité! tu les entendois mal.

Le Page.

La voicy justement.

SCENE III.

Hercule, Yole, Illus,

Hercule.

Apres tant de souffrance,
Belle Yole, pour moy ne pourrez vous auoir
    Un moment d'indulgence?
Celuy qui la demande, est sans doute en pouuoir
    De vaincre vostre resistance;
Mais il ne veut vser d'aucune violence
Que de celle que font sur vn cœur genereux
    Le respect, la patience,
    Et les souspirs amoureux.

Yole.

Si jamais de t'aymer mon cœur estoit capable,
Toy, l'ennemy d'Eutyre, & de sa mort coupable,
D'vne si lasche ardeur & confus & surpris:
Toy-mesme tu n'aurois pour moy que du mespris.

Hercule.

Ha cruelle! faut-il que l'on m'impute à crime
Vn effet qu'a produit mon ardeur legitime?
Et refuserez-vous de m'aymer quelque jour
Parce que j'ay trop fait pour gagner vostre amour?

Quand' il Tonante iftelfo
Negarmi com' Eutyro, hauefse ardito
Vn ben sì defiato, e à me promefso,
Come già contro il Sole, e 'l Dio triforme
Stato non fora contra lui men parco
Di ftrali auuelenati il mio grand' Arco.

Iole. Io fola fui cagion, che il Ré mio Padre
Rompefse à te la data fede;

Ercole. Ah come
A ciò tù l'inducefti;
Dunque tù l'vccidefti.
Che d'vn mal, che fi feo,
Chi la caufa ne diè, quegli n'è reo.
Mà pon bella in oblio
Si funefte memorie, e sì noiofe;
E qui meco t'affidi,
Poiche depoft' anch'io
L'innata mia ferocia, anzi cangiata
In conocchia là Clauá.
Rauifar ti farò, che quale ogn'altra
Tua più deuota Ancella
Non mai prenderò à vile
Di renderti ogni offequio il più feruile;
Quà gira gli occhi Athlante
E per fomma Beltà
Mira quel, ch' oggi fà
Ercole amante;
Mà non ne rider già.
Che fe tale è il voler
Del pargoletto Arcier
Tutte fon opre gloriofe, e belle
Tanto il filar, che foftener le ftelle.
Sol per voler d'Amore,
Chi in Ciel Etho frenò
Armenti ancor guidò
Nume, e Paftore;
E non ne rifer nò
Gl'altri Dei, ch' il mirar,
Che fan ben ch' in amar
Tutte fon opre, &c.

Si Iupiter luy mesme eust osé comme Eutyre
M'oster ce bien promis, pour qui mon cœur soupire,
Ie l'aurois obligé de me tenir sa foy,
Ou de descendre icy pour combatre auec moy.

Yole.

Ce fut par l'effort seul des prieres d'Yole
Que son Pere indulgent te manqua de parole.

Hercule.

Cruelle, ce fut vous? Ce fut donc vous aussi
Qui causastes la mort qui fait vostre soucy :
Mais permettez enfin qu'vne image si noire
Sorte de vostre cœur & de vostre memoire:
Assoyez-vous icy, pour voir le changement
Que l'amour peut produire en vn parfait amant.
Pour viure aupres de vous dans ce foible exercice,
Ie souffre auec plaisir que ma gloire perisse,
Et semblant oublier tous mes trauaux guerriers,
Change en de vils fuzeaux ma masse & mes lauriers.

Hercule
tient vne
quenoüille.

Dans vn si nouueau ministere,
Atlas, jette sur moy les yeux,
Et voy ce qu'amour me fait faire ;
Mais loin de t'en mocquer, aprens, audacieux,
Que tout ce qu'on fait pour luy plaire,
Filer, ou soustenir les Cieux,
Est également glorieux.

Quand quittant le celeste Empire,
Berger, & Dieu tout à la fois,
Apollon conduisit les trouppeaux autrefois,
Pas vn des Dieux n'en osa rire;
Ils cognoissent d'amour le ioug imperieux,
Et que tout ce qu'il nous inspire,
Filer, ou soustenir les Cieux,
Est également glorieux.

Iole. Mà qual? mà come io sento
Spuntare entro il mio petto
Per tè improuiso, e inuolontario affetto
Onde forz'è ch' io t'ami
E ch'amor mio ti chiami.

Hyllo. Oime, ch' ascolto!
E non sogno? e son destó? e non già stolto?
Così cangiasi Iole?
Fragil feminea fede;
Ben merta i tradimenti vn, che ti crede.

Ercole, Hyllo, di che t'offendi?
Che senso hà tal linguaggio?
(Non mal l'intese il Paggio)
Ami tù dunque Iole?

Hyllo. Io per vn' empia
Ingrata al Padre, al Mondo, al Ciel spergiura,
Che soffrissi nel cuor d'Amor l'arsura?
Per vna sì mutabile, ch'à vn tratto
Con subito consenso
Alla mia Genitrice, à Dejanira
Teco à far sì gran torto (oime) cospira?
Versi pria sul mio capo irato Gioue
Tutti i fulmini suoi,
Et il più negro baratro m'ingoi.

Iole. O me infelice, ò misera, che fei?
Vccidetemi, oh Dei.

Ercole. Fin' ora à te d'Eutyro
Ne men di Dejanira ynqua non calse.
Parti, e ringratia il Ciel, che ben ti valse,
Che d'esser mite oggi disposi.

Hyllo. A Dio;
Andrò morte à cercar per quelle balze.

Yole, assise sur le siege enchanté.

Mais qu'est-ce que je sens ? d'où peut naistre en moy-mesme
Ce mouuement forcé qui fait qu'enfin ie t'ayme ?

Illus.

Ha ! que viens-je d'entendre ? est-ce vne verité ?
Yole, qu'as-tu fait de tant de fermeté ?
Que ce sexe est trompeur ! que l'ame qui s'y fie
Merite justement d'en estre enfin trahie !

Hercule.

Que dites-vous, mon Fils ? le Page auoit raison,
Yole a donc les veux de toute ma maison ?

Illus.

Auant qu'elle ait les miens, Seigneur, cette parjure,
Qui sans considerer les droits de la nature,
Sans écouter la voix d'vn Pere au monument,
De son propre assassin peut faire son amant,
Et ce qui plus me touche, auecque vous conspire
Pour rauir vn espoux si cher à Dejanire ;
Auant qu'elle ait les miens, que les feux & les fers
M'accablent de douleur au milieu des enfers.

Hercule.

Cherche d'autre couleurs, les interests d'Eutyre,

Yole, se leuant.

Ha ! malheur, qu'ay-je fait ?

Hercule ?

Ny ceux de Dejanire,

Ingrat, ne t'ont iamais esté si precieux ;
Va, sors de ma presence, & rends graces aux Dieux
Qui pour te derober à ma iuste colere
M'ont fait prendre auiourd'huy des sentimens de Pere.

Illus, à Yole.

Adieu, cruelle, adieu, ie vais chercher la mort.

SCENA QVARTA.

Ercole, Iole, Paggio.

Ercole.   E Tù a che penſi Iole?
Iole.   All' error mio,
     Se ben ciò che mia lingua
     Diſſe pur dianzi ah nò, non lo diſſ'io.
     E l'alma forſennata,
     Nel frenetico errore
     Altra parte non hebbe
     Che di gran pentimento alto dolore.

Ercole.   Deh non volere, ò Bella,
     Far con tai ſentimenti
     D'Hyllo più graue il fallo,
     E le giuſte ire mie tanto più ardenti;
     Di nuouo qui meco t'aſſidi, e penſa,
     Penſa meglio al tuo dire,
     Ch'or con rigide voglie, or con inſide,
     Troppo è tentar di ſofferenza Alcide.

Iole.   Ah chi sì toſto inuola
     All' attonita mente
     L'impreſſion più care? e del mio ſeno
     La più tenera parte
     Per tè di ſtrano affetto
     Con recidiua d'incoſtanza imprime:
     Chi l'auuerſo mio Cor ſuolge ad amarte?
     Ah che trà miei penſieri
     Più non ne trouo alcuno
     Ch' idolatra non ſia de tuoi deſiri,
     Ah che non ſpiro più che i tuoi reſpiri.

Ercole.   E pur potranno in breue
     Dell' inſtabil tuo ſpirto
     Le ſolite vicende
     Ricangiar tanto amore
     In più crudo rigore.

             Yole.

SCENE IV.

Hercule , Yole.

Hercule.

ET vous, quel sujet donc vous fait rêuer si fort ?

Yole, leuée de dessus le siege enchanté.

Ie pense à mon erreur, car flattant ton martyre,
Ma langue seule a dit ce que je viens de dire,
Et mon cœur innocent, bien loin d'y consentir,
N'a part en cet aueu que par son repentir.

Hercule.

Belle, vous augmentez par ce discours seuere
Le crime de mon fils & ma juste colere ;
Assoyez-vous plustost, & pensez meurement
A prendre pour tous deux vn meilleur sentiment ;
Et que changer sans cesse auec tant d'inconstance,
Ce seroit trop tenter ma foible patience.

Yole, assise.

Mais qui rauit si-tost à mon esprit confus
L'image de l'objet qu'il cherissoit le plus,
Et qui si promptement auec vn trait de flame
Retrace ton portrait dans le fond de mon ame ?
Par qui mon cœur forcé retourne-t'il à toy ?
Helas ! tous les desirs que ie sens naistre en moy
Me portent à chercher tout ce que tu desires,
Ie n'ayme à respirer que l'air que tu respires.

Hercule.

Mais cet amour si tendre en ce cœur si leger,
Peut-estre en cruauté se va bien-tost changer.

P.

Iole. Ciò non temer, che fono
Si fortemente rannodati, e ftretti
I lacci ond' è di nuouo
Per tè queft' alma auuolta,
Che più come fcamparne ella non vede,
Chiedi qual pegno vuoi della mia fede.

Ercole. Dunque sù di tua mano
Per fermezza amorofa
Quello porgimi fol d'effer mia fpofa.

Iole. Nol rifiuto, mà lafcia,
Ch' in fegrete preghiere
Del Genitore all' oltraggiato fpirto,
Per addolcirlo in quelche guifa almeno,
Prima, ch' affatto à tè mi doni in preda,
Io licenza nè chieda.

Ercole. Pur che ciò fia fol Cerimonia al Vento
Si, si, ne fon contento.

SCENA QVINTA.

*Torna ad apparir in aria Giunone nel fuo carro
col Sonno.*

*Giunone col Sonno, Ercole, Jole,
Paggio.*

Giunone. SOnno potente Nume
Fù qui pur opportuno il noftro arriuo;
Dunque poiche tù fei
Dell' innocenza amico,
E de' misfatti rei cotanto fchiuo,
Che da loro fuggendo
D'incforabil vol fatij tue piume,
Co' più forti legami,
Che mai tua fredda fuora à te preftaffe
Impedifci pietofo al par, che giufto
Oggi vn crime il più nero,
Che contro amor la frode vnqua tentaffe,
E con la verga, à cui fù facil proua
Le fempre defte luci
Tutte velare ad Argo
Vanne veloce, e in Ercole produci
Vn più cieco letargo.

59

Yole.

Alcide, ne crains point, car mon ame charmée
Est pour toy deformais tellement enflamée,
Que ie ne me sçaurois figurer seulement
Comment pourroit s'esteindre vn tel embrasement ;
De ma fidele ardeur demande quelque gage.

Hercule.

Que ce cœur inconstant par vostre main s'engage.

Yole.

Ie ne m'en defends pas, mais souffrez seulement
Que ie me puisse icy recueillir vn moment,
Deuant que ie me liure en vos mains toute entiere,
Il est juste qu'au moins par vne humble priere
I'en demande licence à qui m'a mise au jour,
Et tasche d'accorder sa mort & mon amour.

Hercule,

Pourueu que ce ne soit qu'vne ceremonie ;
I'y consens ; mais fais donc qu'elle soit tost finie.

SCENE V.

Iunon reuient dans son char auecque
le Sommeil, & demeure
en l'air.

Iunon, le Sommeil, Yole.

Iunon.

Cher Sommeil, qu'à propos nous arriuons icy
Pour exempter mon cœur d'vn eternel soucy :
Toy, qui par tout amy de l'amour legitime,
Témoignes tant d'horreur pour la fourbe & le crime,
Et qui des scelerats te détournant toujours
Les laisses jour & nuict priuez de ton secours,
Pour preuenir l'effet de ce que l'Enfer tente
Contre vn couple assorty d'vne estrainte innocente,
Frappe de ce Tyran le chef audacieux
Du baston qui d'Argus assoupit les cent yeux,
Et des plus froids liens que ta Sœur te fournisse
Arreste auec son bras le cours de sa malice.

Le Sommeil descend sur Hercule qu'il endort, & puis remonte incontinent.

Iole. E quale inaspettato
Sonno prodigioso
Preuenendo Imeneo lega il mio sposo?

Giunone. Iole, Iole, ah sorgi
Sorgi rapida, e fuggi, e t'allontana
Dall'incantato seggio, è à me t'appressa
Che di ben tosto risanarti e d'vopo
Dal magico veleno,
Ond'hai l'anima oppressa:
Prendi, fiuta quest'erba,
Che ne gli orti Filliridi raccolsi,
Il cui medico odore,
Che le malie dilegua,
Ti sanerà ad vn tratto
Dalle tartaree infettioni il core.

Iole. O Diua, o Dea, da quali
Orridi precipiti
D'infedeltà, d'iniquità risorgo?
Oime! di quali errori
Rea, quantunque innocente ora mi scorgo!
Pure il mio primo, e sol gradito fuoco,
Ch'in me pareua estinto
Mentre il cor mi ralluma,
Con vsura di fiamme
Più che mai mi consuma,
Mà che prò s'Hyllo intanto
L'vnico mio tesoro
Senza mia colpa à ragion meco irato,
A ragion da me fugge, e à torto io moro.

Giunone. Ah perche perdi Iole
In superflue querele
Tempo sì pretioso, Hyllo non lunge
Per mio consiglio in vn cespuglio ascoso
Tutto guata, & ascolta. Arma più tosto
Arma figlia la mano
Di questo acuto acciaro,
(Ch'abile à penetrare ogni riparo
Per mè temprò Vulcano.)
E mentre imprigionato
Da i legami del Sonno i più tenaci
Stà quel mostro sì crudo
D'ogni difesa ignudo,

Quel

Yole.

Quel estrange sommeil, de nos plaisirs ialoux,
Preuchant nostre Hymen, assoupit mon Espoux!

Iunon.

Yole, leue-toy, leue-toy, mal-heureuse,
Et quitte promptement la place dangereuse
Où l'effet violent d'vn magique poison
T'a presque sceu priuer de toute ta raison :
Viens que ie te guerisse, & reçois cette plante,
Dont la celeste odeur par sa vertu puissante
Peut dans ton cœur seduit détruire en vn moment
Le nuage formé par cet enchantement.

Yole.

O puissante Deesse, ô de quel precipice
De manquement de foy, d'erreur & d'injustice,
M'auez-vous garantie! ô combien j'apperçois
Que je suis innocente & coupable à la fois!
Mais enfin cette ardeur & si chere & si sainte,
Qui sans vous dans mon cœur s'en alloit estre esteinte,
Se rallume, s'augmente, & semble s'exciter
A regagner le temps que l'on luy vient d'oster :
Mais, helas! contre-moy, quoy que ie sois sans crime,
Illus est animé d'vn courroux legitime,
Et dans l'instant fatal qui me meine à la mort,
Que me sert-il de voir que je la souffre à tort?

Iunon.

Cesse de t'affliger, reprends ton esperance,
Illus instruit par moy connoist ton innocence,
Et par mon ordre exprés caché proche d'icy
Voit tout ce qui s'y passe, & n'a plus de soucy;
Pour luy, pour toy, pour moy, fais vn beau sacrifice
De ce monstre alteré de sang & d'injustice,
Le sommeil qui le tient & qui combat pour nous,
L'expose sans defense à ton iuste courroux,
Et des mains de Vulcain cette lame forgée,
Sans faire grand effort, t'aura bien-tost vangée;

Q.

Vanne, e vendica ardita
Con la morte di lui
Le mie offese, e i tuoi danni,
Ch'altro scampo non hà d'Hyllo la vita.
Vanne, e poiche spedita al Ciel'io torno
Ad'ouuiare in ciò l'ire di Gioue
Fà ch'io vi giuhga il crin di lauri adorno.

SCENA SEXTA.

Iole, Hyllo, Ercole che dorme,
Paggio.

Iole. D'Eutyro anima grande
A questo core, à questo braccio imbelle
Tanto furòr, tanto vigor comparti
Che possa or qui sacrarti,
Con insigne vendetta
(Vniuersal di cui desio rimbomba)
Vittima si douuta alla tua tomba.
Prendi ò mio genitor dall'arso lido
Di Flegetonte, il sangue
Di quest'empio tiranno,
Che nel tuo nome vccido.
Hillo. Oimè, che fai?
Cessa.
Iole. Deh lascia.
Hillo. Ah cessa.
Iole. Lascia se m'ami.
Hillo. Ah che del pari io Sono
Tuo vero Amante, e di lui figlio.
Iole. Ah senti:
Io non l'odio già più com'uccisore
Del caro Padre mio (senti che dico)
Che come auuerso al commun nostro ardore
Onde tuo più che Padre egli è nemico.
Hillo. Lo placherò, quando non basti il pianto,
Con la mia morte.

Frappe, & reſſouuiens-toy que par là ſeulement
Tu peux mettre à couuert les jours de ton Amant,
Frappe, & pendant qu'au Ciel je vais en diligence
Appaiſer Iupiter, que cette mort offenſe,
Acheue pœuure; & fais que ton bras glorieux
Me couronne de gloire, auant que i'entre aux Cieux.

SCENE VI.

Yole. Illus. Hercule endormy.

Yole.

Accours à ce ſpectacle, ô belle ame d'Eutyre,
Ayde la ſainte ardeur qu'vn beau courroux m'inſpire,
Donne force à mon cœur, donne force à mon bras
Qui s'appreſte à venger ta honte & ton treſpas,
Et qui veut, en t'offrant cette grande victime,
Rendre à ta cendre illuſtre vn deuoir legitime;
Des bords de Flegethon viens, chere Ombre, & reçoy
Le ſang de ce Tyran que je verſe pour toy.

Illus.

Yole, arreſtez-vous.
Yole. Laiſſez.
Illus. Qu'allez-vous faire?

Yole.

Laiſſez-moy, ſi iamais j'eus le bien de vous plaire.
Illus.

Ie dois tout à l'objet de mon ardent amour;
Mais que ne dois-je point à qui m'a mis au iour?
Yole.

Ce n'eſt plus comme eſtant l'aſſaſſin de mon Pere
Que ce Tyran cruel attire ma colere,
Mais comme le plus grand de tous vos ennemis,
Et l'obſtacle aux plaiſirs qu'Amour nous a promis.
Illus.

Ma mort l'adoucira, s'il eſt vray que mes larmes
Pour vaincre ſa rigueur ſoient de trop foibles armes.

Iole. E fi pòco è gradita
La fpeme à tè d'eſſer mio ſpoſo (oh Diò)
Che per eſſa non pregi
Punto di più la vita?

SCENA SETTIMA.

Mercurio d'vn volo riſueglia Ercole
e parte.

Mercurio, Hyllo, Iole, Ercole,
Paggio.

Mercurio. SVegliati Alcide, e mirà
Ercole. SE doue ò Bella?
Doue? ah quì pur di nuouo
Temerario importuno io ti ritrouo?
Ed à qual fine impugni
Ferro micidial? per tor la vita
A chi s'ingiuſtamente à tè la diede?
Ah ſe cotanto eccede
Tuo ſcelerato ardir, giuſt' è la voglia,
Che quel viuer ingrato,
Ch'à torto à tè fù dato
Hora à ragione io toglia.
Iole. Ohimè, s'amore
Nulla in tè puote, arreſta.
Hyllo. Ah genitore.
Ercole. E con ſi dolce nòme ancor mi chiami?
Hyllo. Non creder già, ch'io più di viuer brami
Che per mia miglior ſorte
Non sò più deſiar' altro, che morte,
Mà ſol di parricida
L'ingiuſto infame titolo rifiuto,
E s'hebbi di ciò mai ſolo vn penſiero
Soura l'anima mia,
Qual'or ſciolta ella ſia,
Ogni martir più fiero,
Che chiuda Auerno in sè, grandini Pluto.

Yole,

Yole.

Que noſtre Hymen, Illus, eſt peu chery de vous,
Si vous voulez mourir preſt d'eſtre mon eſpoux.

SCENE VII.

Mercure vient en volant eſueiller Hercule,
& s'en retourne auſſi-toſt.

Mercure. Hercule. Yole. Illus.

Mercure.

Alcide, éueille-toy.
Hercule, *Le premier demy-vers s'addreſſe à Yole,*
& le reſte à Illus.
Quoy donc, beauté charmante!
Mais encore à mes yeux ce traiſtre ſe preſente. à Illus.
Quoy? tu tiens vn poignard? Dis, dis, à quel deſſein,
Impie? Ha! tu voulois le plonger dans mon ſein,
Et m'oſtant ſans peril ma vie infortunée,
Me punir iuſtement de te l'auoir donnée.
Ha! cruel, ſi ton cœur a bien pû conceuoir
Le monſtrueux deſſein d'vn attentat ſi noir,
Il faut que par ta mort ie repare l'offenſe
Dont vers le iuſte Ciel m'a chargé ta naiſſance.

Yole.

Helas! ſi vous m'aymez, Seigneur, arreſtez-vous.

Illus.

Mon Pere.

Hercule.

M'appeller encor d'vn nom ſi doux!

Illus.

Si ie parle, Seigneur, c'eſt ſans auoir enuie
De prolonger le cours de ma funeſte vie,
Puiſque dans mes malheurs ie vois bien que la mort
Eſt mon plus deſirable & mon plus heureux ſort.
Ce cœur eſt né de vous, & la peur qui s'y gliſſe
Vient de l'horreur du crime, & non pas du ſupplice;
Et ie ſçay qu'aux Enfers il n'eſt point de tourment
Qui fuſt du parricide vn iuſte chaſtiment.

R

Iole. Alcide, ah ch'io fui quella
Per vendicar'Eutyro,
E per sottrarmi alle tue insidie, io quella,
Che sola di trafiggerti tentai.
Quindi è, che s'Hyllo vccidi,
Com'essend'io sola cagion, ch'ei mora,
Di me stessa farò giustitia, e or'ora
Morta quì mi vedrai.

SCENA OTTAVA.

Dejanira, Licco, Ercole, Iole,
Hyllo, Paggio.

Dejanira. AH che scorgo? il mio figlio
Post'è in graue periglio?
Forz'e ben, ch'io mi scopra.

Licco. Il Ciel ti guardi
Da cotanta follia,
Che quando ancor (com'è suo stil) per gioco
Ercol l'ammazzi vn poco,
Tù ne puoi far de gli altri;
Mà se n'vccide noi ha molto peggio,
Che poi chi ne resusciti, nol veggio.

Ercole. Più di saluarlo tenti
Più l'accusi, & tù menti,
Mà ch'al tuo crime, ò pure
A mie gelose cure
Il tuo morir s'ascriua
Soffrir più non saprei, nò che tù viua.

Dejanira. Ah barbaro di fè di pietà auaro.
Non basta hauermi l'amor tuo ritolto,
Ch'ancor toglier mi vuoi pegno sì caro;
Fà pur tua sposa Iole,
Abbandonami pure à ogni martoro,
Mà per solo ristoro
Lasciami la mia Prole.
Innocente, che sia,
Chi propitio gli sia, se ingiusto e il Padre?
E quand'anche sia rea, concedi il vanto
D'impetrarli perdono
D'vna misera Madre al largo pianto.

Yole.

C'est moy seule, Tyran, qui pour vanger Eutyre,
Et pour me dérober à ton cruel empire,
De terminer tes iours ay fait vn foible effort
Qu'a détourné ce Fils, dont tu cherches la mort ;
Mais, ingrat, si pour moy tu le priues de vie,
Sa mort va de la mienne estre à l'instant suiuie.

SCENE VIII.

Hercule. Yole. Illus. Dejanire. Licas.

Dejanire. Cachée.

O Dieux ! que mon cher Fils est dans vn grand danger !
Monstrons-nous, monstrons-nous, allons l'en dégager.

Hercule. à Yole.

Plus à le conseruer vostre amour s'éuertuë,
Plus de son attentat mon ame est conuaincuë :
à Illus. Et toy, qui me voudrois cacher la verité
Sous de faux sentimens de generosité,
Qu'on iuge ton trespas iniuste ou legitime,
Qu'on l'impute à mes feux, qu'on l'impute à ton crime,
Il n'importe, pourueu que je sauue mes yeux
De la douleur de voir vn enfant odieux.

Dejanire.

Laisse, Pere cruel, laisse, Espoux infidelle,
C'est assez pour ma mort d'vne atteinte mortelle :
C'est assez pour ma mort qu'on m'arrache vn Espoux,
Sans qu'on me fasse voir vn Fils percé de coups :
Prends, prends, si tu le veux, ta nouuelle maistresse,
Mais laisse-moy mon Fils, l'objet de ma tendresse,
Tout innocent qu'il est, d'où viendra son secours
Si son iniuste Pere attente sur ses iours ?
Et quand mesme coupable il t'auroit pû déplaire,
Donne sa faute aux pleurs d'vne innocente Mere.

Ercole. In mal punto giungeſti
E chi quà ti portò?

Licco. Non fù già Licco,
Chi m'inſegna vna tana?
Che quand'anche ella foſſe,
D'vn gran lupo affamato io mi ci ficco.

Ercole. Ambo morrete, e frà tant'altre proue
Che fer di mé già sì famoſo il grido
Dicaſi ancor, ch'altri duo moſtri vcciſi
Vna moglie geloſa, e vn figlio infido.

Dejanira. Ah crudo.

Iole. Ah ſenti pria, s'alcuna ſpene
Ch'io pieghi all'amor tuo, reſtar ti puote,
Solo al viuer di lui queſta s'attiene;
S'ei mor, fia, ch'ogni ſpeme anco, à té per
E s'egli viue, ſpera.

Licco. Ora ch'il crederia! quel grand'inuitto
Domator de' Giganti,
Che i diauoli ſteſſi hà trionfato
Eccolo trà due femine intrigato!

Ercole. E s'egli viue ſpera? ogni poſſanza
Soura l'anime amanti hà la ſperanza.
Vanne tù dunque, e torna al patrio nido,
E tu và prigioniero
Nella Torre del Mar, ch'altro riparo
Sicuro hauer non può mia geloſia,
E con Iole intanto io vedrò chiaro
Del mio ſperar, del viuer tuo che fia?

SCENA NONA.

Dejanira, Hyllo.

Dejanira. Figlio tù prigioniero?
Hyllo. Madre tù diſcacciata?
Dejanira. E viue in ſen di Padre vn cor sì fiero?
Hyllo. Et in cor di marito alma sì ingrata,

Qui ſi mal-à-propos vous à conduit icy?

Licas.

Seigneur, ce n'eſt pas moy.

Hercule.

Ha ! vous mourrez tous deux, ie veux que dans l'Hiſtoire,
Qui doit de mes exploits eterniſer la gloire,
On conte encore aprés cent monſtres déconfits,
Vne femme ialouſe, vn infidelle Fils.

Dejanire.

Cruel.

   Yole. Ecoute-moy, ſi de noſtre alliance
Ton cœur conſerue encor vn rayon d'eſperance,
Ce n'eſt qu'au ſort d'Illus qu'il l'a faut meſurer,
S'il meurt, tu dois tout craindre, & s'il vit eſperer,

Licas caché.

Qu'il eſt embarraſſé ! Dieux ! qui pourroit le croire ?
Ce vainqueur ſi puiſſant & ſi coüuert de gloire,
A qui rien ne reſiſte, & qui ſceut triompher
De plus malins Demons qui regnent dans l'Enfer,
Ne peut ſe demeſler des mains de ces deux femmes.

Hercule.

Et s'il vit eſperer, Que l'eſpoir ſur nos ames
Eſt puiſſant en amour ! *Toy donc va promptement, _{* Parlant à Dejanire.}
Retourne en ton païs viure paiſiblement.
^{Parlant à Illus.} Toy, tandis qu'à mes veux ou contraire ou propice,
Yole reſoudra ta vie, ou ton ſupplice,
Va te mettre au pluſtoſt priſonnier dans la tour,
Ie dois ces ſeuretez au ſoin de mon amour.

SCENE IX.

Dejanire. Illus.

Dejanire.

Toy, mon Fils, priſonnier.

Illus. Vous, ma Mere, bannie.

Dejanire.

Que ne peut par mes maux ta peine eſtre finie,

Illus.

Et que ne puis-je, helas ! par mes viues douleurs
Eſperer ſeulement d'adoucir vos malheurs.

S

Dejanira. Figlio tù prigioniero?

Hyllo. Madre tù discacciata?

Dejanira. Non fosse à tè crudele,

E gli perdonarei l'infedeltà.

Hyllo. Non fosse à tè infedele,

E lieue trouarei sua crudeltà.

A 2. S'a te pietà non spero

Ogni sorte à me sia sempre spietata.

Dejanira. Figlio tù prigioniero?

Hyllo. Madre tù discacciata?

Dejanira. Figlio;

Hyllo. Madre;

A 2. Ogn'or desti

A me dell'amor tuo segni più espressi,

Ah voglia il Ciel, che questi

Non sian gli vltimi amplessi.

SCENA DECIMA.

Licco, Paggio.

Licco. A Dio, Paggio.

Paggio. A Dio, tutti.

Licco. A' riuederci;

Che della Dona à cui Ercol presume

Di far sì facilmente cangiar clima,

Non fù mai suo costume

D'obbedir' alla prima.

Paggio. Oh che gran cose hò viste! ancor l'orrore

Tutto mi raccapriccia.

Licco. Et è sol mastro Amore,

Che sì fatri bitumi oggi impastriccia,

Mà contro vn sì pestifero bigatto

Senti gentil garzone

Impara vna Canzone.

Pag.
Lic. } A 2. Amor, chi hà senno in sè,

Và già d'accordo,

Ch' il più contento è in tè

Chi è il più balordo.

Dejanire.

Quoy donc? le cœur d'un Pere est si plain de rudesse?

Illus.

Et le cœur d'un Espoux a si peu de tendresse,

Dejanire.

Si ie voyois pour toy cesser sa cruauté,
Ie luy pardonnerois son infidelité.

Illus.

S'il pouuoit a vos feux cesser d'estre infidelle,
Sa plus grande rigueur me seroit peu cruelle.

Dejanire.

Ha! mon Fils.

Illus. Ha! ma Mere.

Dejanire, & Illus. Helas! que chaque iour

Mille nouueaux effets font bien voir vostre amour:
Plaise au Ciel attendry par vostre iuste plainte,
De proteger en nous vne amitié si sainte,
Et faire que ce doux & triste embrassement
N'en soit pas entre-nous le dernier mouuement.

SCENE X.

Licas, Le Page.

Licas.

A Dieu, cher Page.

Le Page. Adieu toute la Compagnie.

Licas.

Iusqu'au reuoir pourtant. Vne femme bannie,
(Quoy qu'Hercule irrité presume de ses loix)
N'obeit pas toujours dés la premiere fois.

Le Page.

Dieux! que d'euenemens vois-ie en vne iournée!
Mon ame en est encor de frayeur étonnée.

Licas.

L'Amour fait tous ces maux; Mais, aymable garçon,
Pour apprendre à le fuir, apprends cette chanson.

Amour, sous ton bizare empire,
Tous les gens de bon sens connoissent aysément
Que le plus sot est ordinairement
Celuy qui croit auoir plus de suiet de rire :

Ogni dolce, che puoi dare
E d'assentio atro sciloppo
E le tue gioie più rare
O son false, ò costan troppo?
E così in simil frode
Lieto è più chi men vede, e crede, e gode.

La Sedia incantata sparisce, e gli spiriti ch' erano costretti in essa, entrano nelle statue del giardino, & animandole formano la quarta danza per fine dell' Atto Terzo.

ATTO QVARTO

La Scena si cangia in vn mare sù i liti del quale sono molte Torri, & in vna di esse Hyllo prigioniero.

SCENA PRIMA.

Hyllo.

Hi che pena è gelosia
Ad' vn' Alma innamorata
Ch'a i sospetti abbandonata
Teme ogn' or sorte più ria. Ahi che, &c.
Ad Alcide allor ch' Iole
Crudelmente in ver mè pià.
Di sperar alfin concesse;
Io credei, che m'vccidesse.
Solo il suon di tai parole,
Mà il morir manco duol sia. Ahi che, &c.
Ahi che pena è gelosia
Ad vn' Alma innamorata
Ch' à i sospetti abbandonata
Teme ogn' or sorte più ria. Ahi che, &c.
Mà che veggio? ecco vn messo,
Che viene à dritta voga, è il Paggio? è desso.

Ta richeſſe n'eſt que du vent,
Ta plus grande douceur n'en a que l'apparence,
Et ces brillans que l'on nous vend
Pour des bijoux de conſequence,
Ou ſont faux, & n'ont rien qu'vn éclat deceuant,
Ou s'achettent trop cherement.

Le Siege enchanté diſparoiſt, & les Demons qui y eſtoient
enfermez entrent dans les Statuës du Iardin, & font la
quatrieſme Entrée de Ballet.

ACTE IV.

La Scene ſe change en vne Mer auec pluſieurs
Tours des deux coſtez, dans l'vne deſquelles
ſe voit Illus priſonnier.

SCENE PREMIERE.

Illus.

HA! qu'vn cœur où l'Amour domine fortement,
Souffre en ſa ialouſie vn eſtrange tourment!
Et que ſes noirs ſoupçons, & ſes penibles craintes
Luy donnent chaque inſtant de mortelles atteintes!
Quand Yole cruelle à force de pitié,
Pour garantir mes iours bleſſa noſtre amitié,
Et quand pour appaiſer le courroux de mon Pere,
En flatant ſon amour, elle luy dit, eſpere;
Ie creus que ie mourrois en ce moment fatal,
Mais ſans doute la mort ne fait pas tant de mal.
Que vois-ie? vn Meſſager vers ce lieu prend ſa route,
C'eſt le Page qui vient, c'eſt luy meſme ſans doute.

Le Page
paroiſt ſur la
Mer dans
vne petite
barque.

SCENA SECONDA.

*Apparisce nel detto mare il Paggio in vna
barchetta.*

Paggio, Hyllo.

Paggio.   Zefiri che gite
     Da' vicini fiori
     Inuolando odori
     E quà poi fuggite,
     Fate alla mia prora
     Ch' oggi il mar si spiani;
     Voi pur Cortigiani
     Siete del' Aurora.
     Noto è à voi Cupido
     Che d'ogn' vn fà giuoco,
     E per l'altrui fuoco
     Hor me trahe dal lido.
     A voi pur conuenne
     Far l'vfficio mio,
     Così hauessi anch' io
     Come voi le penne.

Hyllo.   Che nouella m'arrechi? è buona, ò rea?
     Mà che parlo infelice?
     Sperar più verun bene à me non lice.

Paggio.   Iole alfin' astretta
     Di maritarsi al furibondo Alcide
     Con questo foglio à tè mi spinse in fretta.

Hyllo.   Porgile dunque (ALLA TVA FE TRADITA,
     CHIEDO GIVSTO PERDONO,
     SE PER SERBARTI IN VITA
     AD ERCOLE MI DONO)
     Che per serbarmi in vita? oh cieco errore!
     Ah che ciò per me fià morte peggiore.
     Torna veloce, oh Dio,
     Torna veloce, e dille,
     Ch' essendo essa fedele all' amor mio,
     Sè morrò, sì contento
     Scenderà questo spirto al basso mondo,

SCENE SECONDE.

Le Page. Illus.

Le Page.

Zephirs, qui des naissantes fleurs
Volez les plus douces odeurs,
Et puis venez à tire d'aisles
Porter icy le butin fait sur elles,
Applanissez pour moy les vagues de la Mer:
Ie cherche vn pauure Amant que sa douleur deuore:
Vous, qui soûpirez pour l'Aurore,
Helas! vous sçauez bien ce que c'est que d'aymer.

Vous connoissez l'Amour & sa malice,
Et sçauez que par son caprice,
Pour lt seul interest d'autruy,
Ie suis en danger aniourd'huy:
Que ne vous chargeoit-on de faire ce message,
Vous, qui des flots grondans mesprisez le couroux,
Ou pour me sauuer du nauffrage
Que ne m'a-t'on donné des aisles comme à vous:

Illus.

Quel bon ou mauuais sort, Page, viens-tu m'apprendre?
Mais, helas! malheureux, quel bien pourrois-ie attendre?

Le Page.

Yole enfin contrainte à souffrir vn espoux
Auecque ce billet me dépesche vers vous.

Illus, lit le billet.

Ie demande pardon à ton amour trahie,
Si i'ose me donner pour conseruer ta vie.
Pour conseruer ma vie! ha trop coupable erreur!
Cruelle, le trespas me fait bien moins d'horreur.
Retourne promptement, va, retourne vers elle,
Et dis-luy que pourueu qu'elle me soit fidelle,
Si ie meurs, mon esprit content & glorieux
Mesprisera le sort des hommes & des Dieux;

Cn' in alcun tempo mai
Non ne vidèr gli Elifei vn più giocondo.
Mà che, s'altrui fi dona, ò il duòl' atroce
Di fi perfida forte,
O la mia deftra mi dàrà in tal punto
Vna sì amara, e fconfolata morte,
Ch' affannofa, e dolente
Queft' alma in approdat le Stigie arene
Infin quiui parrà moftro di pene.
Dille, che s'ella almeno
Per coftanza d'amor farà pur mia
Non farà di me ftrage altri ch' Alcide,
Mà che s'ella mi lafcia, ella m'vccide.
Saprai tù ben ridir quefte querele?

Paggio, Pur ch' il Mar' infedele
Non mi vieti il ritorno, e di già parmi
Che ben voglia agitarmi: ò Numi algofi
Correte al mio foccorfo.

Si moue la tempefta in mare.

SCENA TERZA.

Hyllo.

E Non fi troua,
Fra gl' armenti fquammofi
Vn cor benche gelato,
Che qual già d'Arione
Di quel mefchin garzone
Senta qualche pietade, e falui infieme
Gl' vltimi auanzi in lui d'ogni mia fpeme
Ohime, ch' il Mar con cento fauci, e cento
Tutte rabbia fpumanti
Non par ch' ad altro furiofo aneli
Ch' à diuorar quel pouerello. Ah date
A fi mortal periglio
Pronto foccorfo ò Cieli,
Ohimè, che più tardate?

Mai

Mais si son cœur endure vne flame noüuelle,
Elle va me donner vne mort si cruelle,
Que mon Ombre plaintiue arriuant aux Enfers.
Fera croire trop doux & leurs feux & leurs fers,
Paroissant en ce lieu de tourmens & de gesnes,
Par l'excés de son mal vn prodige de peines,
Tandis qu'elle sera constante en son amour
Mon Riual seulement pourra m'oster le iour;
Mais si pour l'appaiser Yole s'abandonne,
Loin d'empescher ma mort, Yole me la donne:
Mais, helas! pourras-tu luy dire tout cecy?

Le Page.

Oüy, si i'ay le bon-heur de me tirer d'icy;
Mais la Mer s'irritant me monstre cent abysmes.
Venez à mon secours, Deïtez Maritimes.

SCENE III.

Le Page s'éloigne de la Tour, & perit.

Illus.

HElas! de cet Enfant prenez compassion,
Vous Peuples écaillez qui l'eûstes d'Arion,
Nul de vous ne vient-il luy donner assistance?
Et sauuer auec luy mon reste d'esperance?
Ridicule fureur) ce superbe élement,
Par cent gosiers ouuerts de colere écumant
Dans ce grand appareil de tumulte & de rage,
Ne semble auoir pour but que d'engloutir vn Page,
En ce besoin pressant, Ciel, vien me secourir:
Ha! tu differes trop! helas! il va perir,

V

Il Paggio Ah che quella voragine l'ingoia,
si sommerge. Dunque forz'è, che desperato io moia!
    E chi fia più che vieti
    Alla mia bella d'eseguire i suoi
    Mal'accorti decreti? à che più penso?
    Che più tardo à finire
    Con vn breue morire vn duolo immenso?
    Cerulei humidi Numi,
    Riceuete propizi vn sventurato,
    Che dal Ciel, dalla terra, e da gl'abissi,
    Sempre à gara oltraggiato
    Viene à cercar trà le vostre acque in sorte
    Per gran fauor la morte.
    Hyllo, sù al mar t'auuenta;
    Che temi, Orche, e Balene?
    O pur di! ti spauenta
    L'imagin del morir squallida, e tetra;
    Chi fugge gelosia nulla l'arretra;
    Sù, sù, dunque à morir, che 'l chiaro nome
    Dell'amato mio Sole
    Indorar mi pottà l'ombre più dense
    Del Tartaro profondo: Iole, Iole.

      Hyllo si precipita in Mare.

SCENA QVARTA.

Apparisce nell'aria Giunone, in vn gran trono
  e cala in soccorso d'Hyllo.

Giunone, Nettunno, Hyllo.

Giunone. SAlua, Nettunno, ah salua
    Quel troppo ardito giouine, e souuienti,
    Che t'acquistò non fauoreuol grido
    Il negato soccorso
    All'amoroso Nuotator d'Abido.
    Salualo, ò Dio Triforme,
    Che d'Ercole commun nostro nemico

Il perit, c'en est fait. Sus donc il faut le suiure,
Quand mon espoir est mort, que me sert-il de viure?
Et puis qu'Yole, enfin, me doit abandonner,
Sans que rien desormais l'en puisse destourner,
Euitons, en faisant cette perte cruelle,
Par vne prompte mort vne plainte éternelle.

Puissant Roy de la Mer, & vous humides Dieux,
Vn Prince mal-traité de la terre & des Cieux
Se iette entre vos bras, & vient chercher dans l'onde,
Le repos qu'il n'eut point dans le reste du monde,
Receuez-le de grace, & dans son triste sort
Par pitié consentez à luy donner la mort.

Tu t'arrestes! d'où vient cette frayeur soudaine?
Grains-tu l'affreux gosier de l'immense Balaine?
Sus donc, qui te retient? la face du trespas
A-t'elle des laideurs que tu n'attendois pas?
Vne ame enuisageant l'affreuse jalousie,
De nulle autre frayeur ne doit estre saisie,
Et le cœur qu'elle suit, par elle épouuanté,
Par nulle autre laideur ne peut estre arresté.
Meurs donc, & que le nom de l'adorable Yole
Soit mesme en expirant ta derniere parole.
Yole, ton beau nom imprimé sur vn cœur
Des ombres de la mort en peut bannir l'horreur.

Il se jette en la Mer.

SCENE IV.

Iunon paroist en l'air dans vn grand throsne
entouré de nuages.

Iunon. Neptune. Illus.

Iunon.

VEnez, Dieu de la Mer, propice à ma priere,
Sauuer ce mal-heureux que l'amour desespere,
Et vous ressouuenez que par tout l'Vniuers
L'on vous fit autrefois cent reproches diuers
Quand l'amoureux nageur de la fameuse Abide
Se perdit sans secours dans vostre sein hum...

All'alma inuiperità
Far non fi può da noi più grande oltraggio
Che di faluare il di lui figlio in vita;
Poi che l'iniquo Padre,
Cho qual riual gelofo
Là morte fol di quel mefchino agogna,
Vedendolo da noi ridotto inlefo,
Doppia nè ritrarrà fmania ; e vergogna.
Ah tu non m'odi? ò vi repugni?adunque?
In queft' onde ver me già fi cortefi
Quell' antica bontà del tutto è fpenta?

Sorge dal *Nettunno.* Eccoti, ò Dea contenta;
Mar Net-
tunno in vna Che nulla al tuo voler negar pofs' io;
gran Conchi- Nè fù mia negligenza
glia tirata Ma ben fua renitenza il tardar mio;
dà Cauallí Ne credo vnqua più auuenne,
marini, & in Che dall' orribil gola
effa fi vede Della vorace, e non mai fazia Dite;
Hyllo falua- Fofser ritolti à forza
Contro lor voglia i miferi mortali
Come or fuccede in quefto, ò forfennato,
E chi rende al tuo gufto
Di sì amabil fapor l'eftremo fato?

Hyllo.   D'vn amor difperato
Alla Tantalea fete
Il Nettare più grato
È fol l'onda di Lethe.

Nettunno, Oh femplicetto afcolta,
Ciò, che per fuo diletto
Cantò Glauco taluolta.

Amanti che trà pene
Ogn' or gridate ohime !
Perche bramate di morir, perche?
Ah non negate mai fede alla fpène.
Per chi viue il Ciel gira,
E non fempre vn fofpira,
Anzi lieto è tal' or chi mefto fù,
Mà per chi more il Ciel non gira più

Nous haïssons tous deux Acide égalment,
Pour luy faire dépit sauuons ce jeune Amant :
Car, enfin, ce barbare est à tel point de rage,
Que luy sauuer son fils, c'est luy faire vn outrage.

   Quand ce monstre jaloux tasche à faire perir
Vn Riual que le sang obligeoit de cherir,
Donnant à l'opprimé le secours necessaire,
Redoublons du Tyran la honte & la colere.

   Mais d'où vient que mes vœux ne sont point écoutez ?
Neptune eut autrefois pour moy tant de bontez.

Neptune.

Ie vous rameine Illus, & par ma diligence
L'on eust veu ce qu'icy vous auez de puissance,
Si dans son desespoir, auide du trespas,
Luy-mesme trop long-temps n'eust retardé mes pas.
Qui l'auroit iamais crêu ? qu'vn ieune miserable,
Que la mort tient desja dans sa main redoutable,
S'en estonnast si peu, qu'il ne peust consentir
A souffrir le secours qui l'en peut garentir.
Illus, dis quelle grace inconnuë & nouuelle
Rend la mort à tes yeux si charmante & si belle ?

Neptune sort de la Mer dans vne grande Conque tirée par des Cheuaux marins, & rameine Illus.

Illus.

Lors que le desespoir s'empare d'vn amant,
La mort seule a pouuoir d'adoucir son tourment.

Neptune.

Aprens d'vne chanson que Glaucus vient de faire
Que le temps fait raison de l'ame la plus fiere.

    Pourquoy faut-il qu'vn pauure Amant
   Dans son chimerique tourment
    Témoigne tant d'impatience,
Qu'il recherche la mort auec empressement ?
    Ne perdons iamais esperance ;
Tel qui de mille biens auoit la ioüissance,
   Les perd tous en vn seul moment ;

O stolti qu'è il ristoro
Nel morir poi? dou' e?
E che val più di vostra vita, e che?,
A non si può dar mai più gran tesoro.
E sian pur buone ò felle
Stile al par cagian le Stelle
Ne può sempre il destin gire all'in giù
Mà perchi muore?

Giunone. Saggiamente à te parla, Hyllo, quel Nume.

Nettuno. Vanne veloce, e la gran Diua inchina
A Dio somma Reina.

*Hyllo entra nella Machina di Giunone,
e Nettunno s'attuffa nel Mare.*

S C E N A   Q V I N T A.

*Giunone, Hyllo, Coro di Zefiri, che
danzano, e suonano.*

Giunone. DVnque del mio potere
Diffiderai tù solo?
Hyllo. Diua à che viuer più chi viue al duolo?
Mà pure ossequioso
Ti chieggio humil perdono,
Che quantunque penoso,
Grato il viuer mi fia poich'è tuo dono.
Giunone. Non lice à voi mortali
Del destin preueder gl'alti decreti
Quanto più strani tanto più segreti.
Quindi è che nel mirare
De'futuri nascosti
I preludi taluolta al fine opposti;
Spesso ciechi lasciate
Con i vostri giudizi infermi, e monchi,
Che d'ignote venture
Disperata ignoranza il fil vi tronchi.

Et tel de ses desirs voit l'accomplissement
Qui n'eut dans son amour que peine & que souffrance;
Vivons, & du destin qui change incessamment,
Attendons l'heureuse inconstance,
Car quand on est au monument
On ne voit plus de changement.

Iunon, à Illus.

Ce que te dit Neptune est tout plein de sagesse,
Tasche d'en profiter.

Neptune, à Illus.

A la grande Deesse
Qui pour te conseruer quitta le soin des Cieux,
* à Iunon. Va rendre ton hommage. * Adieu Reyne des Dieux.

Illus entre
dans la machine
de Iunon, & Ne-
ptune se replon-
ge dans la Mer.

SCENE V,

Iunon. Illus. Chœur de Zephirs.

Iunon.

Q Voy donc! de ma supresme & fameuse puissance,
Tu pourrois seul, ingrat, entrer en deffiance?

Illus,

Qu'il est fascheux de viure & toujours endurer!
Mais enfin, j'y consens, & sans plus murmurer,
La lumiere du jour, quoy que peu fauorable,
Me venant de vos mains me doit estre agreable.

Iunon.

Que les mortels, Illus, auec leurs foibles yeux
Sçauent mal penetrer dans le secret des Cieux!
Souuent les plus sensez fondant leurs conjectures
Sur les commencemens des grandes auantures,
(Commencemens trompeurs qu'vn bizarre destin
Produit presque toujours contraires à leur fin)
Par le fol desespoir que leur erreur fait naistre
S'opposent au succés qu'ils ont voulu connoistre:

Mà sè à scorger giungeste
In quegli inesplicàbili volùmi
Scritti in Zaffiri à lettere di Stelle?
Souuente ammirareste
Esser' in lor prefisso,
Ch' inaridisca à lente pioggie vn prato
E lo renda fecondo
Di Sirio, e d'Aquilon l'arido fiato;
Che resti in picciol stagno
D'vn Giasone, e d'vn Tifi il legno absorto,
Ch'a i naufragi conduca aura tranquilla;
Et auuersa tempesta al lieto porto.
Vanne dunque, e pur spera, e non t'annoi
Il dar più fede à me, ch'a i sensi tuoi.

Hyllo. Diua douunque io sia
Non sò se posi in Cielo, ò in terra il piede,
Così di sue fortune
Pur' incerta sen va l'anima mia.

Giunòne.

Scendono su'l palco Hyllo e Giunone e poi questa parte e rimonta al Cielo nella sua Machina, nella quale i Zefiri inuitati da essa formano la 5. danza.

Congedo à gl'horridi
Suoi flutti altissimi
Poi ch'il Mar diè,
Zefiri floridi
Sù festosissimi
Volate à mè,
E in danza lepida
Da voi si uenere
La mia virtù,
Che sempre intrepida
Contro di Venere
Vittrice fù.

Sol gl'amor regnino
Da quali spieghisi
Honesto ardor,
E i Cieli sdegnino
Ch'in altro impieghisi
Il lor fauor:
Desir che seguino
Affetti ignobili
Stian sempre in duol,
E si dileguino
Dall'alme nobili
Qual nebbia al Sol.

Mais nous qui connoiſſons ces chiffres eſtoilez
Où les temps à venir ſont ſi bien demeſlez,
Nous y voyons ſécher l'herbe que la roſée
Auoit auecque ſoin chaque jour arroſée,
Et fleurir émaillé de mille belles fleurs
Le champ que l'Auuilon brûla de ſes chaleurs;
Que le plus doux Zephir ſouuent meine au noufrage,
Et que l'on eſt pouſſé dans le port par l'orage.
Va donc, Illus, eſpere, & pour ton plus grand bien
Crois que mon ſentiment doit preualoir au tien.

Illus.

Ie ne ſçais où ie ſuis, & mon ame interdite
Doute ſi c'eſt la Terre ou le Ciel qu'elle habite.

Iunon.

Mointenant que la Mer dans vn profond repos
A calmé le bruit de ſes flots;
Zephirs, joyeux de la victoire
Que ſur venus je viens de remporter,
Venez tous m'en feliciter,
Et par cent jeux plaiſans en celebrer la gloire;
Que les ſeuls amours innocens
Reignent ſur les cœurs & les ſens;
Que le Ciel ſur eux déploye
Tout ce qu'il a de douceurs & de joye;
Que des criminelles ardeurs;
Les obſcures & triſtes flammes,
Ne traiſnant auec ſoy qu'ennuis & que douleurs,
N'entrent plus dans les belles ames.

Illus deſcend de la machine de Iunon ſur le
Theatre, & Iunon remonte au Ciel: les
Zephirs appellez par elle font la
cinquieſme Entrée du Ballet.

Y

SCENA SESTA.

Si cangia la Scena in vn giardin di Cipreßi pieno di sepolcri Reali.

Dejanira, Licco.

Dejanira.
ET à che peggio i fati ahi mi serbaro?
Ah che ben mi guidaro
Gl' addolorati miei languidi passi
A' trouate in alcun di questi sassi
Come far sazio il mio destino auaro.
Et à che peggio i fati ahi mi serbaro?
Alfin perduto hò il figlio
E già vicina è l'hora,
Che dona ad altra sposa il mio Consorte,
Nè perciò auuien ch' io mora?
Armi non hà da vccidermi la morte,
Già che tanti dolor non mi sbranaro;
Et à che peggio i fati ahi mi serbaro?
Prendi Licco fedele
Questi de' miei tesor poueri auanzi
Per passar meno incomodi i tuoi giorni,
E rimira se puoi,
Vn di questi sepolcri aprirmi in cui
D'ogni speranza di conforto ignuda
Per non mirar più il sol mi colchi, e chiuda.

Licco.
Ah Dejanira io non son tanto accorto
Che possa in sì gran carichi seruirti
Di Tesoriere insieme, e Beccamorto:
Nè sò s'habbi pensato,
Ch'esser preso così quindi io potrei
Per omicida, e ladro,
E con solennità condotto al posto
Di sublime appiccato,
Onde fora trà noi sorte ben varia,
Tù morresti sotterra, ed io nell' aria,
Deh scaccia ò Dejanira,
Desio sì forsennato,
Che di quanti nell'Vrna habbia Pandora

SCENE VI.

La Scene se change en vn Iardin de Cypres,
plein de magnifiques sepulchres.

Dejanire, Liccas.

Dejanire.

QV'heureusement i'arriue entre tous ces tombeaux
Pour y pouuoir finir, & ma vie, & mes maux,
Mon Fils est desia mort, & i'approche de l'heure
Que mon espoux me quitte, & qu'il faut que ie meures.
Desia mesme la mort croit que ie suis au rang
De ceux de qui son dard a répandu le Sang,
Et ie n'ay plus en moy que ce qu'il faut de vie
Pour souffrir sans relâche vne peine infinie.
Prend, fidelle Licas, de ma mourante main,
Tout le bien que me laisse vn sort trop inhumain,
Prends de tous mes thresors ce reste miserable,
Pour te rendre la vie vn peu plus supportable,
Et tasche de m'ouurir vn de ces monumens
Où ie termine, enfin, ma vie & mes tourmens.

Licas.

Vous estes dans l'ennuy, dont vostre esprit s'accable,
Trop cruelle vers vous, vers moy trop pitoyable,
Et ce que vos douleurs exigent de ma foy,
Seroit honteux pour vous, & dangereux pour moy.
Mais reuenez à vous, vertueuse Princesse,
De tout ce qu'enfermoit de douleur, de tristesse,
De pertes, de tourmens, de colere & d'ennuis,
Ce vaisseau si fatal à Pandore commis,

E difaſtri, e ruine, e pene, e danni,
E dolori, & affanni
E angoſcie, e crepacori io ti sò dire,
Ch'il peggior mal di tutti è di morire.
Mà che pompa funebre
Scorgo venir? tiriamoci in vn lato
Che qual lugubre aſpetto à tè fia grato.

SCENA SETTIMA.

Iole con la pompa funebre, Choro di Sacrificanti,
Ombra d'Eutyro, Dejanira, Licco, Choro
di Damigelle d'Iole,

Choro di GRadiſci ò Ré,
Sacrific. Il caldo pianto
Ch'in meſto ammanto
Afflitta gente
Dal cor dolente
Spargo per te!
Gradiſci ò Rè.
Tua ſepoltura

I fior riceua
Che Selua oſcura
Germogliar fè;
E il ſangue beua,
Che per man monda
Vacca infeconda
Suenata diè,
Gradiſci ò Rè.

Iole. E ſe pur ne gli eſtinti
Di generoſità pregio rimane,
Permetti ò Genitore,
Che dopo hauer' io tanto (ahi laſſa) in vano
Per vendicarti oprato
Ceda al voler del fato,
E che non già queſt' Alma,
Mà ſol di lei la ſventurata ſalma
Per l'iniquo Tiranno
(Per cui grato mi fora
Più del talamo il rogo)
Di sforzati Imenei ſottentri al giogo.
Choro. Ah ch' il real Sepolcro
Formando entro di sè dubbi mugiti:
Ah, ah, (ch' eſſer ciò puote?)
Tutto trema, e ſi ſcuote.

De ces maux assemblez, j'ose encor vous le dire,
La mort, l'affreuse mort est sans doute le pire.
Mais quel triste appareil s'approche de ces lieux?
Ce pitoyable objet sera doux à vos yeux.

SCENE VII.

Chœur de Presttres, Yole, Ombre d'Eutyre,
Dejanire, Licas.

Chœur de Prestres.

Reçois, ô puissant Monarque,
Reçois vn torrent de pleurs
De nos ameres douleurs,
Foible, mais sincere marque.

Yole.

Si dans ta cendre esteinte il peut estre resté
Quelque foible rayon de generosité,
Permets, Ombre de moy pour jamais respectée,
Qu'apres que pour vanger ta mort si regretée,
I'ay cent fois, mais helas! vainement fait effort,
Malgré moy ie me rende au volontez du sort:
Permets que i'abandonne du Tyran qui m'opprime,
Non mon cœur qui le hait, mais mon corps pour victime,
Seur qu'abhorrant l'Hymen que ie vois approcher,
Plus aisément qu'au lit, j'irois sur le buscher.

Chœur.

Ha! qu'est-ce que j'entends? vn bruit sourd, ce me semble,
Sort du fond du Sepulchre, & ie le vois qui tremble.

Z.

Rouina
il sepol-
cro d'Eu-
tyro, &
apparifce
l'ombra
di lui.

Eutyro. Che facrifici ingrati,
Che pregei ingiuriofi?
Che voti obrobriofi?
Porgonfi à me? così s'oltraggia Eutyro? l'ombra
Così fia, ch' à fua voglia
Fredda infenfibil' ombra ogn' vn mi creda?
Farò ben, che s'auueda
L'omicida ladron, s'ancor m'adiro?
E fe contro di lui
Odio, rabbia, e furor più che mai fpiro?
Dunque chi del mio Sangue
Fè fcempio ingiufto, del mio Sangue ancora
Far vorrà fuo diletto? ah non fia mai:
E tù dar vita a i parti
Di chi morte à mè di è (figlia) potrai?

Iole. Ben refiftea l'auuerfo mio volere
D'Ercole alle preghiere,
E alla forza di lui pur fatta haurei
Refiftenza inuincibile, mà d'Hyllo,
D'Hyllo à tè già non men, ch'à mè sì caro,
Che della noftre offefe
Mon fù complice mai:
Anzi che ne fofferfe
Al par di noi con amorofa, e immenfa
Compaffione il duolo,
D'Hyllo, ohimè, di lui folo
Il periglio mortale
M'aftrinfe à confentire
All' aborritè nozze,
Com' vnico riparo al fuo morire:
Dunque perdona, ò Genitor, l'intento
Di quefte facre pompe
Ch' Amor, che non hà legge
Ogni legge à fua voglia ò fcioglie, ò rompe.

Eutyr. Tant'hà d'Eutyro il nudo fpirto ancora
Inuifibil poffanza,
Che neglette, e fchernite'
Le temerarie voglie
Del nemico fellone,
Saprà faluare infieme
L'innocente garzone,

Eutyre.

Quel Sacrifice ingrat! quel deuoirs odieux!
Cessez de m'outrager, honneurs injurieux.
Depuis que des viuans ie ne suis plus du nombre
On ne me prend donc plus que pour vne froide Ombre,
Qui sans force & sans voix au fond du monument
Ne sçauroit témoigner son vif ressentiment?
Mais ie feray bien voir au Tyran qui m'outrage,
Que j'ay sceu conseruer ma force & mon courage.
  Quoy? luy qui dans mon sang assouuit son courroux,
Trouuera dans mon sang ses plaisirs les plus doux?
Et ma Fille, à mes yeux, pourroit donner la vie
Aux enfans de celuy qui me l'auroit rauie?

Le Sepu-
chre d'Eu-
tyre tombe
en ruine, &
son Om-
bre paroist.

Yole.

Alcide par ses vœux en vain m'osa tenter,
En vain par sa puissance il eust creu me dompter,
Mais Illus, dont toûjours l'amitié vous fut chere,
Illus, fils innocent de ce barbare Pere,
Et qui dans nos malheurs, touché par la pitié,
Sembloit en supporter la plus grande moitié,
Cet Illus en peril, pour son Riual me presse,
Ma haine en cet endroit le cede à ma tendresse,
Et pour sauuer Illus d'vn trespas asseuré
Ie m'offre au triste Hymen que j'ay tant abhorré.
  Qu'vn semblable motif, cher Pere, vous flechisse,
Et vous fasse agréer cet humble Sacrifice,
Car Amour, que les loix ne sçauroient obliger,
Peut à son gré les rompre & nous en dégager.

Eutyre.

Ie sçauray bien punir cette injuste esperance
Qu'Alcide a de te voir soûmise à sa puissance,
Ma Fille, reprens cœur, ton Pere quoy que mort
Pour sauuer ton Amant est encor assez fort.

Dejanira. O Dio dunque lasciate,
Ch' à mè di chi v'offese offesa moglie
E di chi tanto fauorir bramate
Madre, ohimè, semiuiua or sia concesso
D'accomunar con voi l'aspre mie doglie.
Per conseruarmi il figlio
Priuarmi di marito,
O di remedio reo misero aborto;
O disperata speme! Hyllo è già morto.

Iole. Ohimè, che dì!

Dejanira. Sul più vicino scoglio
Della di lui prigion, mentre attendeuo,
Che qualche picciol legno
Colà mi conducesse
A' consolarlo almen col mio cordoglio,
Lo vidi all'improuiso, ohimè, dall' alto
Cader nel Mar d'vn salto.
E se non lo seguij;
Fù perche dal dolore (ahi, soprà fatta
Caddi al suol tramortita,
E per man de gli astanti
Con mal saggia pietà quindi fui tratta.

Eutyro. Dunque à qual' altro fin, che per più strano
Mio spregio, e scorno? or di tè far vorrai
Vn' esecrabil dono
Al barbaro inhumano?
Ch' altra moglie trafige, altra abbandona,
E nè meno à suoi figli empio perdona.
Deh con giusto coraggio
Saggiamente pentita,
Rinuntia à vn tanto error mentr'io ritorno
Del fumante Cocyto all'aria impura
Alle sponde infocate
Per vnire in congiura
L'Anime ch'il crudele à morte hà date:
E ben vedrai ch' in vano io non presissi
Di solleuar contro di lui gli abissi.

*L'Ombra di Euty-
ro sparis-
ce.*

Dejanire

Dejanire.

Sans passer plus auant, permettez l'vn & l'autre,
Que mon aspre douleur se mesle auec la vostre,
D'Alcide, dont tous deux vous ressentez les coups,
Ie suis femme offensée & pleine de courroux;
De cet Illus, pour qui vostre amour s'interesse
Je suis la mere, helas! trop pleine de tendresse;
Mais sur ces sentimens si justement conceus,
Mon deuoir toutesfois tient encor le dessus,
Et pour sauuer mon Fils perdre vn Espoux que i'ayme,
M'est vn remede, enfin, pire que la mort mesme;
Mais ce remede, helas! quand il seroit plus doux,
Apres qu'Illus est mort, ne peut.

Yole.

Que dites-vous?
Illus est mort?

Dejanire.

Il l'est, au sommet de la roche
Qui de la Tour du port m'a paru la plus proche,
J'attendois vn batteau pour aller pres de luy,
Adoucir par mes pleurs son legitime ennuy,
Quand ie l'ay veû soudain, d'vn élans temeraire,
Se jetter dans la Mer pour finir sa misere:
J'allois le suiure, helas! mais mon ressentiment
M'a fait sur le rocher tomber sans mouuement,
Et des Pescheurs voisins la pitié mal-instruite
M'éloignant de la Mer en ces lieux m'a conduite.

Eutyre.

Pourquoy donc desormais, sinon pour m'outrager,
A ce funeste Hymen pourrois-tu t'engager?
De deux femmes, ce Traistre, à qui ton choix te donne,
En a mis l'vne à mort & l'autre il l'abandonne,
Et pour le plus noir crime incapable d'horreur,
A sur son propre Fils exercé sa fureur:
Romps par vn repentir honneste & salutaire
Cet Hymen à tes jours, à mes veux si contraire,
Cependant pour vanger tant d'outrages soufferts,
D'vn vol precipité je retourne aux Enfers,
D'où je feray sortir contre l'iniuste Alcide
Les Ombres de cent Roys dont il fut l'homicide.

L'ombre
d'Eutyre
disparoist.

A a

Iole. Hyllo il mio bene è morto? altro che pianti
Vuol da me tal dolore?
Egli fol per mio amore
Difperato s'vccife, ed io frà tanti
Segni della fua fè fempre più chiari
Fià ch'à morir dalla fua fede impari?
Troppo io pregiai la vita, & or m'auueggio
Quanto il morir più vale,
Quefta fpoglia mortale
Scopo è fol di fuenture, e degno feggio
D'Amor fono gli Elifei, ou'ei più fplende
Nè Tirannia, nè duolo alcun l'offende.
Attendetemi dunque, alme dilette
D'Hyllo, e d'Eutyro in pace,
Ch'à raggiungerui io corro; ombra feguace.

Licco. Ferma ti prego, e poiche (grazie al Cielo)
Tornò l'horribil'ombra à Cafa fua,
E, ch'à mè così torna, è fiato, e vòce;
Vuo dar'grato configlio à tutte e dua.
E che miglior rimedio?
A' tanti veftri fpafimi di quello
A' proporui fon pronto?
Ch'è di guarire ad Ercole il Ceruello,
Quand'egli fi raccenda
Per tè del congiugal douuto affetto,
E che non curi più nuoui Imenei,
Ditemi ciò non parui
Affai per confolarui?
Dunque non ti fouuiene, ò Dejanira,
Che per ciò far mezo sì raro hauemo?
Veggio, ch'il duol'eftremo
Ti rende fmemorata, e quella vefte,
Che già Neffo Centauro
In morendo à tè diè, qui pur non vale?
Per far ch'Alcide allor che l'abbia in doffo
Ogn'altro amor ch'il tuo ponga in non cale?

Dejanira. Chi sà, che fia ben ver?
Licco. Nè farem proua.
Iole. Mà ciò per rauuiuare Hyllo non gioua.

Yole.

Quoy donc, Illus est mort? De si iustes douleurs
Veulent de mon amour beaucoup plus que des pleurs ;
C'est pour moy seulement qu'il a perdu la vie,
Sa mort sera bien-tost de la mienne suiuie ;
Tant de preuues d'amour, de courage & de foy,
Trop genereux Amant, que ie receus de toy,
Doiuent m'apprendre enfin, à bien mettre en pratique
Ce noble desespoir d'vn amour heroïque.
Chere Ombre de mon Pere, Ombre de mon Amant,
La mienne vous va suiure, attendez vn moment,
Vostre iniuste trespas, dont ie me sens coupable,
Pour vous vanger tous deux rend ma mort equitable.

Licas.

Arrestez, ie vous prie, & puisque grace aux Dieux,
Ce terrible fantosme est party de ces lieux,
Et que ma voix long-temps par la peur retenuë,
Quand il est disparu, m'est enfin reuenuë,
Ecoutez vn conseil vtile à toutes deux,
Parlant à Deja-nire. Pourueu que vostre Espoux, de vous seule amoureux,
Au lieu de rechercher vn nouuel hymenée,
Vous conserue la foy qu'il vous auoit donnée ;
Vous serez en repos & la Princesse & vous,
Et nous auons dequoy le ramener à nous.

Dejanire.

Qu'auons-nous donc, Licas?

Licas.

Dieux! qui le pourroit croire?
Vos maux vous ont déja fait perdre la memoire ;
Ne vous souuient-il pas de ce don precieux
Que vous fit le Centaure expirant à vos yeux?
Auez-vous oublié cette rare chemise
Qui doit dés le moment qu'Alcide l'aura mise
Eloigner de son cœur toute autre passion
Pour le faire respondre à vostre affection?

Dejanire.

Mais, helas! ce n'est pas vne chose certaine.

Licas.

Nous poüuons l'éprouuer & sans beaucoup de peine.

Yole, à Licas.

Ce remede & tes soins sont pour moy superflus
Si tu ne fais aussi reuiure mon Illus.

Licco. Oh che ftrane domande!
   Mà ben potrei rifufcitàre vn morto,
   S'à contentar due femine mi pofi,
   Ch'è d'ogni altro impoffibile il piu grande,
   S'in veçe, che per troppa impatienza
   Pofar monte sù monte
   Aueffer li Giganti à faffo à faffo
   Fabricato il lor ponte,
   Al difpetto di Gioue
   Sarian montati in Cielo à far fracaffo.
   Si và di là dal Mondo à paffo à paffo,
   Nè fia vano il tentare
   Di leuarci vn' oftacolo cotanto
   Com' è d'hauer con Ercole à cozzare.
   Che poi all' altro canto
   Chi sà ch'Hyllo fentendofi bagnato
   Fatto più faggio non fi fia pentito
   Et à nuoto faluato.

Tutti trè. Vna ftilladi fpene
   Oh che mar di dolcezza!
   Per vn' anima auuezza
   A languir fempre in pene,
   Vna ftilla di fpene,
   Benchè tal' or mentita
   Nelle già fredde vene
   Riconduce la vita,
   E per ftupenda proua
   Fin con l'inganno gioua.

Le Damigelle d' Iole rimaſte à piangere preſſo le Rouine del ſepolcro d'Eutyro, alla viſta di quatr' Ombre ſi ſpauentano, e formano coſì con le dett' Ombre la 6. danza, per fine dell' Atto quarto.

Fine dell' Atto quarto.

Licas.

Licas.

Quelle demande, ô Dieux ! les Enfans de la terre
Voulant dans le Ciel mesme aller porter la guerre,
Mirent, impatiens d'en trop tost approcher,
Sans ordre mont sur mont, & rocher sur rocher :
Mais si d'une maniere & plus seure & plus sage
Ils eussent lentement avancé leur ouvrage,
Sans doute avec le temps, malgré l'effort des Dieux,
Ils auroient fait vn pont pour arriuer aux Cieux.
En marchant pas-à-pas le voyageur s'avance,
Pour finir vne affaire il faut qu'on l'a commencé,
Et c'est bien commencer à sortir d'embaras
Que de ne plus auoir Hercule sur les bras,
Qui sçait si vostre Illus, aualant l'onde amere,
N'aura point reconnu son erreur temeraire,
Et deuenu plus sage à l'aspect de la mort,
D'eschapper de ses mains n'aura point fait effort ?

Tous.

Helas ! qu'vn rayon d'esperance
Est vne sensible douceur :
Pour vn Amant de qui le cœur
Se consume dans la souffrance.
O ! que le moindre espoir a sur nous de puissance,
Son plus grossier mensonge est pour nous si charmant
Que mesme en nous trompant, contre toute apparence,
Il nous donne souuent vn vray soulagement.

Les Dames de la Cour d'Yole, qui s'estoient arrestées à pleu
rer auprés du Sepulchre d'Eutyre, voyant paroistre de nou
uelles Ombres, prennent l'épouuante, & forment la sixié
me Entrée du Ballet à la fin du Quatriésme Acte.

ATTO QVINTO.

La Scena si cangia in Inferno.

SCENA PRIMA.

Ombra d'Eutyro , Choro d'Anime Infernali.
Clerica , Laomedonte , Bußiride.

Eutyro. Ome solo ad vn grido,
    Che gionto à pena d'Acheronte al lido
    Formai, vi radunate Anime ardite?
  Sù, così pur contro il commun nemico
  Vostro furore alla mia rabbia ynite,
  Che più dunque s'aspetta?
  Pera mora il crudel, sù sù vendetta.

Choro. Pera mora il crudel, sù sù vendetta.

Clerica Regi-⎫
  na di Cos.⎭ Pera mora l'indegno
   Di cui più scelerato vnqua non visse ,
   Che del Troiano eccidio ancor fumante
   Non mai satio di Sangue
   I miei poueri figli, e mè trafisse,
   O bella gloria in vero
   D'vn vccisor di mostri,
   Impiegare il vigore
   Con cui d'hauer si vanta
   Sostenute le stelle
   Contro teneri parti, e Madre imbelle.
   Ah ver' vn chiostro
  Più fiero mostro
  Di lui non ha.
  E se il crudel
  Per nostro vfficio
  Hoggi cadrà
  Mai sacrificio
  Più grato al Ciel
  Altri fè, nè mai farà.
  Che più dunque s'aspetta?
  Pera mora il crudel, sù , sù vendetta.

Choro. Pera mora, &c.

ACTE V.

La Scene se change, & represente
vn Enfer.

SCENE PREMIERE.

Ombre d'Eutyre. Chœur d'Ombres. Clarice.
Laomedon. Bussiride.

Ombre d'Eutyre.

I'Ayme à voir qu'vn seul cry fait sur ces tristes riues
Vous assemble si-tost, Ombres vindicatiues,
Contre l'autheur commun de nos communs malheurs,
A ma iuste fureur vnissez vos fureurs,
Vangez-moy, vangez-vous, il faut, il faut qu'il meure.

Le Chœur.

Vangez-nous, vangez-vous, qu'il meure toute à l'heure.

Clarice.

Qu'il meure, le cruel, qui n'aymant que le sang
De mes Fils & de moy perça le triste flanc :
Employ vrayment pompeux ! & vrayment magnifique
De ce cœur genereux, de ce bras heroïque,
Qui de dompteur de monstre & de soustien des Cieux
Affecte insolemment les tiltres glorieux,
Sans effort, sans combat, soüiller ses mains infames
Dans le timide sang des enfans & des femmes.
    Quel farouche animal, plus que toy dangereux,
Peut nourrir la Lybie en ses deserts affreux ?
Monstre odieux au Ciel, & nuisible à la terre,
Tout l'Vniuers vny te declare la guerre,
Et qui t'immolera, va d'vn coup glorieux
Vanger tous les mortels, & plaire à tous les Dieux :
Mais qu'attendons-nous donc ? marchons, il faut qu'il meure,
Vangez-vous, vangez-nous, qu'il meure tout à l'heure.

Le Chœur.

Vangez-nous, vangez-vous, qu'il meure tout à l'heure.

Laomedonte⎱ Pera mora il peruerso,
Rè di Troia.⎰ Che d'vn sol' atto di pietà, che mai
  Trà le barbarie sue contar potesse,
  Qual mercenario vile
  Richiedendone il prezzo,
  Ne' contenti assai tosto
  Gl' auidi suoi desir quanto maluagi,
  Si pagò col mio sangue, e mille stragi.
  Sù sù sbranamolo,
  Sù laceramolo
  Giustitia il vol,
  Paghi egl' ancor
  L'altrui dolor
  Col propio duol,
  Che più dunque s'aspetta?
  Pera mora il crudel, sù, sù vendetta.
 Choro. Pera mora, &c.
Bußiride⎱ Pera mora l'iniquo,
Rè d'Egitto.⎰ Ch' dell' Etereo Gioue,
  Ingratissimo al pari,
  Ch' in legitimo figlio,
  Di Sacerdoti, e vittime più degne,
  Con sacrilega man spogliò l'altari.
  Pera l'abomineuole; Mà pera
  Della più cruda morte,
  Ch' per esempio eterno,
  Inuentar possa mai l'irato inferno?
  Quanti mai stratij,
  Nei negri spatij,
  Pluto adunò
  Tutti s'vnischino,
  Et assalischino,
  Chi nè suenò:
  Che più dunque s'aspetta
  Pera mora il crudel, sú sù vendetta.
 Choro. Pera mora, &c.
 Eutyro. Se nel terrestre mondo
  Per iniquo fauor d'ingiusto Cielo
  Il suo corporeo velo
  Alla nostra mortal spoglia preualse,
  Ad onta del suo orgoglio al fine impari,
  Che di sdegno, e di forze ogn'alma è pari,

Laomedon

Laomedon.

Qu'il meure, le cruel, dont le barbare cœur,
Pour mile actes fameux d'vne injuste rigueur,
N'ayant sceu qu'vne fois proteger l'innocence
En a si laschement demandé recompense,
Et voyant differer ce prix peu merité
Assouuit dans mon sang sa dure auidité :
Allons le deschirer, il est iuste qu'il meure,
Vangez-nous, vangez-vous, qu'il meure tout à l'heure.

Le Chœur.

Vangez-nous, vangez-vous, qu'il meure tout à l'heure.

Bussiride.

Qu'il meure, l'insolent, qui du plus grand des Dieux
Tenant auec le iour tant de dons precieux,
Fils, mal recognoissant, autant qu'illegitime,
Rauit à ses autels, encens, Prestre, & victime :
Qu'il meure, le meschant, mais d'vn coup si cruel,
Qu'il soit de nos fureurs vn exemple eternel.

Que tout ce qu'en ce lieu, destiné pour les peines,
Pluton sçeut assembler de tourmens & de gesnes,
S'vnisse en ce moment, & par vn digne effort
Fasse mourir celuy qui nous donna la mort :
Marchons sans perdre temps, marchons, il faut qu'il meure,
Vangez-nous, vangez-vous, qu'il meure tout à l'heure.

Le Chœur.

Vangez-nous, vangez-vous, qu'il meure tout à l'heure.

Eutyre.

S'il eut de la natuse vn corps dont la vigueur
Des plus forts des humains le rendit le vainqueur,
Faisons-luy voir, enfin, domptant son insolence,
Que toute ame icy bas est égale en puissance :

C c

Che? se più lo lasciamo
Respirar inpunito
In pace, e tirannia l'aure vitali,
Crederà con ragione,
Che sian di timid' ombre, e neghittose
I Regni di Pluton tane otiose.
    Sù, sù dunque ombre terribili
    Sù voliam tutte in Eocalia,
Nuoua in Ciel schiera stimphalia
Contra il reo furie inuisibili,
  E con le vipere
  Onde Tesifone
  Tormenta l'anime
  Flagellamogli il Cor,
Fin ch' immenso dolor
Con angoscie rabbiose il renda esanime.

Choro. Sù, sù, dunque all' armi, sù, sù,
Sù corriamo à vendicarci,
Ch'altro ben non può mai darci
Il destino di quaggiù.
E che gioua assordar quest' Antri più
Con il vano rumor de' nostri carmi?
Sù, sù dunque all' armi, all' armi.

Eutyro. Ah più val più diletta,
Che quante gioie hà il Ciel' vna vendetta.

Choro. Ah più val, &c.

SCENA SECONDA.

*La Scena si cangia in vn Portico del Tempio
di Giunone Pronuba.*

*Ercole, Jole, Licco, Dejanira, Choro
di Sacerdoti di Giunone Pronuba.*

Ercole. ALfine il Ciel d'Amor
    Per me si serenò,
    Ei nembi di rigor
    In gioie distemprò,
    Sol nel mio Cor pur sento

Souffrir qu'il viue encore & regne impunément,
C'est luy faire juger trop raisonnablement,
Que du triste Acheron les riues tenebreuses
Sont des foibles Esprits les retraites honteuses.
Allons donc, & portons jusqu'au fond de son cœur
Tout ce qu'ont les Enfers de peines & d'horreur.

Le Chœur.

Aux armes, compagnons, courons à la vengeance,
Ce plaisir seul encore est en nostre puissance,
Que de ces lieux nos cris cessent de raisonner,
C'est trop long-temps nous plaindre, allons, allons donner.

Eutyre.

La vengeance vaut mieux & me plaist dauantage
Que tout ce qu'a le Ciel de douceurs en partage.

SCENE II.

La Scene se change en vn Portique du Temple d'Hymen.

Hercule. Yole. Licas. Dejanire.
Chœur de Sacrificateurs.

Hercule.

L'Amour, enfin, deuenu doux,
Change en faueurs pour moy ce qu'il eut de courroux;
Il me promet déja des faueurs eternelles,
Et rien ne peut troubler des attentes si belles
Que mon desir trop violent,
Qui dérobant du Temps la vistesse & les aisles
Me le fait paroistre trop lent.

Vn ſoaue martir,
Ch' habbia per gir più lento
Dati il Tempo i ſuoi vanni al mio deſir.
Mà pur l'amata Iole
L'adorato mio ſole ecco à mè viene,
Dunque affatto il mio ſen ſgombrate ò pene,
Che di ſì rigid' alma
Qual ſi ſia la Vittoria io n' hò la palma,
E l'ardente mio ſpirto
Poſpon tutti i ſuoi Lauri à vn ſi bel Mirto.

Licco. Quando com' è tuo vffizio,
    Dar quella veſte ad Ercole dourai
    Per far di Nozze tali il ſagrifizio,
    Queſt' altra in vece, il cui valor ben ſai?
    Deſtramente da me prender potrai.

Iole. Coſì farò: mà che? per diffidenza
    Di rimedio ſì incerto, hò il ſen ripieno
    Di geloſa temenza,
    Pur quando mi ttadiſca ogn' altro ſcampo,
    Soccorſo mi darà pronto veleno.

Ercole. Deh non mouere Iole il piè reſtio;
    Ver chi dominator del Mondo intero
    Solo in goder dell' Alma tua l'impero
    Pon la felicità del ſuo deſio.
    Et il ſacro Concento
    Sciolgaſi omai, ch' à mè di tali indugi
    Grado è d'immenſa pena ogni momento.

Choro. Pronuba, e caſta Dea
    L'Alme de nuoui ſpoſi
    Con lacci auuenturoſi
    Annoda, e bea.
    E quieta, e gioconda
    Da' lor Neſtorea vita,
    E gl' ampleſſi feconda
    Con progenie infinita.

Ercole. E di che temi, Iole, e di che tremi?
Iole. Ecco il mio viuer giunto
    A' vn formidabil' punto.

Mais l'objet de mes vœux, Yolé vient icy,
Sortez de mon esprit, incomode soucy,
Pour fier que soit son cœur, ma constance a la gloire
D'auoir enfin sur luy r'emporté la victoire,
Et le mien qui se donne à l'Amour tout entier
Prefere ce doux Mirthe à mon plus beau Laurier.

LICAS. à Yolé à part.

Quand pour le Sacrifice (ainsi qu'il se pratique)
Alcide te viendra demander sa Tunique,
Tu prendras de mes mains, sans qu'il le puisse voir,
Cette autre que voicy, dont tu sçais le pouvoir.

YOLE.

Ie le veux. Mais, helas ! qu'vn si douteux remede
Bannit mal de mon cœur l'effroy qui me possede !
Mais si ie perds l'espoir de tout autre secours,
Ce poison de mes maux terminera le cours.

Hercule.

Princesse, receuez sous vostre obeïssance
Vn Prince qui tenant la terre en sa puissance,
N'a pas tant de plaisir à s'en voir le vainqueur
Qu'à pouuoir esperer de gagner vostre cœur;
Et venez commencer cet heureux Sacrifice
Qui doit à nostre Hymen rendre le Ciel propice,
Car enfin, belle Reyne, vn bien si desiré,
Ne peut estre sans peine vn moment differé.

Le Chœur.

Grands Dieux, qui presidez au ioyeux Hymenée,
Ioignez les cœurs de cès Espoux
D'vn lien si ferme & si doux
Qu'il fasse pour iamais l'heur de leurs destinées.
Faites que dans la paix & les contentemens
Ils demeurent long-temps au monde,
Qu'vne posterité feconde
Naisse de leurs embrassemens.

Hercule.

Pourquoy donc tremblez-vous ?

Yole. bas.
Amour, par ta conduite
A quelle extremité me vois-ie, enfin, reduite !

Ercole. Deh sù porgimi ardita
  La veste, ond' io ben tosto
  Per i nostri Imenei
  Renda olocausto a i Dei.

Choro. Pronuba, e casta Dea, &c.

Ercole. Mà qual pungente arsura
  La mia ruuida scorza intorno assale:
  Qual' incognito male
  D'offendermi temendo
  Serpe nascoso per le vene al Core?
  Qual' immenso dolore, ahi, mi conquide?
  E per dar morte à mè tanto più dura
  In vista de' contenti, oh Dio, m'vccide?
  E tù lo soffri, ò Genitore? e lasci,
  Ch' io, che con piè temuto
  Passeggiai della morte i Regni illeso,
  E che fin dalla Cuna
  Di belle glorie adorni
  Tutti contai della mia vita i giorni,
  Hor senz' hauere à fronte
  Sanguinoso nemico (ah rio martire,
  Che della morte ancor vie più m'accora)
  In ozio vil qui mora?
  Senza che gloria alcuna,
  Renda almen di mè degno il mio morire,
  Almen di nubi oscure,
  Vela quest' aria in torno
  Sì che sorte maligna
  Di mè grato spettacolo non faccia
  All' implacabil mia cruda matrigna;
  E per quando la tua
  Insensata pigrizia, (oh gran Tonante)
  Il conquasso destina
  Dell' Vniuerso, ohimè, s'ora nol fai?
  E à che riserbi il Cielo?
  Che nel perder' Alcide à perder vai?
  Mà l'atroce mia doglia
  Imperuersando ogn'or pochi respiri
  Mi lascia più, deh s'il morire è forza,

Hercule.

Donnez-moy sans frayeur ce cher habillement,
Dont estant reuestu ie puisse heureusement
Offrir aux Immortels d'innocentes Victimes,
Et meriter l'aueu de nos feux legitimes.

Le Chœur.

Grands Dieux, qui presidez au ioyeux Hymenée,
Ioignez, &c.

Hercule.

Mais quel feu deuorant o'e offencer ainsi
Ce corps à cent trauaux de long temps endurcy ?
Quel mal vient m'attaquer que ie ne puis connoistre ?
Vn mal lasche & timide, & qui n'osant paroistre,
Dans mes veines se glisse, & trompant ma valeur,
Trouue vn chemin caché pour aller à mon cœur.
Ha ! maligne douleur ! douleur insupportable,
Douleur qui pour me faire vn sort plus miserable,
Me fais trouuer la mort au moment bien-heureux
Que ie vois accomplir mes desirs amoureux,
Iupiter, souffrez-vous que ma valeur supresme
Qui tira des captifs des mains de la mort mesme,
Et qui dés le berceau, dans mes trauaux guerriers,
A toujours fait compter mes iours par mes Lauriers ;
Sans voir son ennemy, sans pouuoir s'en defendre,
Sentant venir le coup soit contrainte à l'attendre,
Et ne se puisse au moins aprés le iour perdu
Flater du souuenir de l'auoir defendu.

    Tu verras, Pere oysif, les Enfans de la terre,
Bien-tost aprés ma mort renouueller la guerre,
Et Pluton mal-content de son throsne odieux,
Te venir contester la Couronne des Cieux.

    Mais puisqu'à mes douleurs ton pouuoir m'abandonne,
Fais qu'vn nuage épais maintenant m'enuironne,
Et qu'en mon desespoir Iunon ne gouste pas
L'heur de me voir perir d'vn si cruel trespas.

    Iusqu'à quand en repos ta paresse profonde
Differe-t'elle encor d'ebranler tout le monde ?
Et quand vseras-tu de ses droits absolus,
Que tu perdras bien-tost quand ie ne seray plus ?
Mais, helas ! ma douleur, qui sans cesse s'augmente,
Acheue d'opprimer ma force languissante.

Ardasi la mia spoglia
Nè délla terra, i di cui figli vccisi
S'esponga ad vn rifiuto?
A Diò Cielo, à Diò Iole, eccomi Pluto,

Licco. Che dite? il mio non fù rimedio tardo,
Mà vn poco più (ch' io non credea) gagliardo.
Pur ciascuna di voi di già rimira
Il penoso destin per sè finito
D'vn'amante importun, d'vn reo marito.
E non piangete già,
Che communque ch' auuenga à vn saggio core
Dar non si può qui giù sorte migliore,
Che di viuere in pace, e libertà.

Iole.   Qual trà perigli estremi
Di strepitose, & hórride ruuíne
Vn ch' è saluato à sorte
Stupido resta, si rimasi anch' io
Senza moto, nè voce; ah perche dunque
Hyllo il mio cáro ben, perche morio?

Dejanira. Ah Nesso mi tradi, deh ti perdoni
O' Licco il Ciel l'inuolóntario errore;
A dolor sù dolore
Egualmente infinito
Più resister non sò, mostrami oh morte
E del figlio la traccia, e del Consorte.
Mà che? l'ombra del figlio
Ecco ch' ad incontrarmi
Ver me riede pietosa.

SCENA TERZA.

Iole, Dejanira, Licco, Hyllo.

Iole.   VEggio, ò di veder parmi?
Non atteso contento?
Ah che dar fede à gl' occhi il cor non osa.

Dejanira. Oh che opportun ristoro?

Licco.   Oh che spauento !

Iole.   Hyllo?

Dejanira. Figlio?

Dejan. Iole. Sei tù!

Ha! s'il faut que ie cede aux volontez du fort,
Que l'on brûle mon corps lors que ie feray mort,
Et qu'on n'expofe pas aux refus de la terre
Celuy qui fit aux fiens vne fi rude guerre.
Adieu, Ciel, adieu, Terre, & vous, Yole, adieu.
Pluton, viens receuoir l'Ombre d'vn demy-Dieu.

Licas.

Qu'en dites-vous, Pour moy? de ce puiffant remede,
I'attendois moins d'effet qu'il ne nous en fuccede,
Car il deliure, enfin, l'vne & l'autre de vous
D'vn Amant incommode ou d'vn fafcheux Efpoux.

Dejanire.

Ha! Licas, qu'as-tu fait? ha! douleur infinie!
Centaure, que tu m'as indignement trahie!

Yole.

Comme apres le debris d'vn Palais ruiné,
Celuy qui s'en efchappe en paroift eftonné;
Ainfi mon cœur forty de ce peril extrefme
A peine, en ce defordre, à s'en croire foy mefme.
Mais, helas! cher Illus, par quel bizarre fort,
Quand tu peux eftre à moy, faut-il que tu fois mort?

Dejanire.

Terminons cette vie ennuyeufe & funefte,
De tant d'afflictions le miferable refte.
Mort, fais-moy fuiure, enfin, par vn coup iufte & doux,
Les pas d'vn Fils fi cher, & d'vn fi grand Efpoux.
Mais l'Ombre de mon Fils propice à mon enuie
S'approche, & vient m'ayder à quitter cette vie.

SCENE III.

Dejanire. Yole. Licas. Illus.

Yole.

Dieux! en effet, ie vois, ou du moins ie crois voir
Vn bien dont la douceur furpaffe mon efpoir.

Dejanire. à Illus.

Que tu viens à propos.

Licas.   Ma frayeur eft extrefme.

Yole.

Cher Illus.

Dejanire. Mon cher Fils.

Dejanire, & Yole. Parlez, eft-ce vous mefme?

E e

Hyllo. Mercè di Giuno
Son' io dal mar faluato
Acciò per gl' occhi miei,
Verfi in vn mar di pianto il cor ftemprato.
Se qual ridirlo intendo,
Vero è del caro Padre il fato horrendo.

Dejanira. Ah figlio ahi troppo è ver, che mi riuedi
Vedoua afflitta, e fola.

Iole. Pur mio ben ti confola,
Che sè perdefti il Genitor crudele
Mè qui ritroui, e l'amor mio fedele.

Hyllo. Ah dunque il Ciel non feppe
Farmi teco felice?
Senza mifero farmi, e fuenturato
Con la mia Genitrice?

Licco. Oh ben tornato.

Hyllo. Ahi che con forza eguale à vn tempo ifteffo
Da gioia, e da dolore
Tratto in contrarie parti
Sento fquarciarmi il core.

Deianira. Ohimè dunque che fia?

Licco. Forz' è ch'io rida
Quel ch'è ftato mai fempre
Da che morte impugnò falce homicida,
Ch' altri auuien, che fi ftempre
In pochi, & altri in copiofi lutti,
Mà chi muore fuo dànno.
Che tofto, ò tardi fi confolan tutti.

Deianira. Saranno almen le ceneri d'Alcide
Le più pompofe de' funebri honori
E più fparfe di lagrime, e di fiori,

Illus.

C'eſt moy qui ſans regret allois finir mes jours,
Mais Iunon, qui prit ſoin d'en prolonger le cours,
Me ſauua de la Mer où j'eſtois ſans allarmes,
Afin que ie formaſſe vne mer de mes larmes;
Car ſi mon Pere eſt mort, par quel torrent de pleurs
Pourrois-je ſatisfaire à mes iuſtes douleurs?

Dejanire.

Illus, il eſt trop vray que la Parque ennemie
Vient de trancher le fil de cette illuſtre vie.

Yole.

Mais vn Amant, enfin, pourroit ſe conſoler
En regaignant le bien qu'on vouloit luy voler,
Et deuroit regarder auec moins de triſteſſe
L'accident qui luy rend ſa fidelle Princeſſe.

Illus. à Yole.

Quel bizarre meſlange en ce triſte entretien
Offre enſemble à mon cœur tant de mal & de bien?
Et pourquoy dans l'inſtant qu'auec vous il reſpire,
A-t'il à ſoupirer auecque Dejanire?

Licas. à Yole.

Tout reſpond à vos vœux, & ce fidel Amant
Peur finir tous vos maux reuient heureuſement.

Dejanire.

Le grand Alcide eſt mort, que faut-il que ie faſſe
Dans vne ſi ſubite & ſi grande diſgrace?

Licas.

Pour moy, ie ris de tout. Car depuis ſi long-temps
Que la mort fait meſtier d'aſſaſſiner les gens,
Ie n'entends en tous lieux que le meſme langage,
L'vn s'afflige vn peu moins, l'autre vn peu dauantag';
Mais le mort eſt bien mort, tout le mal eſt pour luy,
Les autres toſt ou tard finiſſent leur ennuy.

Dejanire.

Il ne ſera iamais vne pompe funebre
Comme celle d'Alcide, & ſuperbe & celebre.

Hyllo. Certo é che i miei singulti
     Non hauran fin.

Iole. Mà non fia già che solo
     Tù pianga amato ben, che se comune
     Hò teco il cor fia pur comune il duolo.

Licco. Hor che forte è la mia?
     Che senza hauerne voglia,
     Anch' io per compagnia
     Conuerrà che mi doglia.

A 4. Dall' occaso à gl' Eoi
     Ah non fia chi non pianga
     Ch' oggi il sol de gl' Eroi
     Estinto, ohimé, rimanga.
     Dall' occaso à gl' Eoi
     Ah non fia chi non pianga.

SCENA QVARTA.

*Cala Giunone nell' vltima machina cortegiata
dall' armonia de Cieli, & apparisce nella più
alta parte di questi Ercole sposato alla Bellezza.*

*Giunone, Dejanira, Iole, Hyllo,
Licco.*

Giunone. SV, sù allegrezza
     Non più lamenti
     Deh non più nò,
     Ch' ogni amarezza
     Il Ciel cangiò
     Tutt' in contenti
     Tutt' in dolcezza
     Non più lamenti
     Sù, sù, allegrezza.
     Non morì Alcide
     Tergete i lumi
     Non morì nò,
     Sù nel Ciel ride,
     Che lo sposò
     Il Ré dè Numi
     Alla Bellezza
     Tergete i lumi
     Sù, sù, allegrezza.

Illus.

Cette mort à jamais me fera soupirer,

Yole.

Auec vous, cher Illus, vous me verrez pleurer ;
Car deux ames qu'vnit vne mesme tendresse,
Ont les mesmes plaisirs & la mesme tristesse.

Licas.

Que l'exemple a de force! à voir pleurer ainsi,
Sans en auoir dessein, ie vais pleurer aussi.

Tous ensemble.

Que des bords où Phœbus, autheur de la lumiere,
Semble ouurir chaque iour sa brillante carriere,
Iusqu'où son char tombant le dérobe à nos yeux
On pleure auecque moy ce Heros glorieux.

SCENE IV.

Iunon descend dans vne Machine, acompagnée
de l'Harmonie du Ciel, dans lequel Hercule
paroist marié auec la Beauté.

Iunon. Dejanire. Yole, Illus.
Licas.

Iunon.

CHangez en des chants d'allegresse
  Vos cris, vos plaintes, & vos pleurs,
  Le Ciel, qui pour vous s'interesse,
  A sceu preuenir vos mal-heurs :
  Alcide n'a point rendu l'ame,
  Et dans les bras de la Beauté,
Que le plus grand des Dieux luy donne pour sa Femme,
Il est viuant au Ciel plein de felicité :

Così depofti alfin gl' humani affetti
Così l'alma purgata
D'ogni rea gelofia
Ciò che qui giù fdegnò, la sù defia.
Quindi ammorzati anch'io gl'antichi fdegni
Per il voftro godere
A me sì gloriofo
Confentij, ch'egli goda in sù le sfere
Vn beato ripofo.
Onde à compire ogni defio celefte
Sol de voftri Hymenei mancan le fefte.
Sù dunque a i giubili
Anime nubili
E feliciffimi
I miei dolciffimi
Nodi infolubili
Al par d'amor v'allaccino,
E nelle voftre deftre i cor s'abbraccino.
Se à prò d'vn vero amore il giufto Gioue.
Merauiglie non fà
A che riferberà fue maggior proue?

Iol. Hyl.   Oh Dea come n'arrequij

Deianira. Ch'a i detti tuoi
Non lice à noi
Fede negar ne offequij
Oh Dea come n'arrequij.

Hyllo. Jole. Che dolci gioie oh Dea
Verfi nel noftro feno,
Il Ciel benigno à pieno
Che più dar ne potea?
Che dolci gioie oh Dea.

Licco. Come à tante ruuine
Succeduto ad vn tratto è vn tanto bene
In fatti è ver qui giù danzano in giro
E fi tengon per man contenti, e pene.

C'eſt là que deſpoüillé des foibleſſes humaines
Il perd tous ſes deſirs qui cauſerent vos peines,
Et libre deſormais des ſentimens jaloux,
Met à vous voir heureux ſes plaiſirs les plus doux:
Et moy, couple charmant, qui pleine de tendreſſe,
Au ſuccés de vos feux ſans ceſſe m'intereſſe;
Quand Alcide conſent à finir voſtre ennuy,
Je perds tout le chagrin que j'auois contre luy.
Donc pendant qu'aux plaiſirs le Ciel entier s'apreſte,
Par vn heureux Hymen prenez part à la feſte,
Que vos cœurs embraſez déja des meſmes feux,
Par l'Hymen ſoient vnis d'indiſſolubles nœuds,
Seurs que le Roy des Dieux fera voir ſa puiſſance
Dans les heureux ſuccés qu'aura voſtre alliance.

Dejanire, Yole, Illus, enſemble.

Quelle douce tranquillité
Vous nous donnez, ſainte Deeſſe!

Dejanire.

Car, peut-on ſans temerité
Ne pas croire à voſtre promeſſe,
Ou reſiſter à voſtre auihorité?
Quelle douce tranquillité
Vous nous rendez, ſainte Deeſſe!

Yole, Illus.

Quel amas de plaiſirs charmans,
Sur nos cœurs amoureux voſtre bonté deſploye!
Que pourroient adiouſter à nos contentemens
Tous les Dieux, conſpirant à faire noſtre joye?

Licas.

Comment de tant de maux par vn beau changement
Peuuent de ſi grands biens naiſtre en vn ſeul moment?
Sans doute il eſt bien vray qu'vne Eternelle chaiſne
Ioint par tout icy bas le plaiſir & la peine.

Tutti cinque. Contro due cor ch'auuampano
　Trà loro innamorati
　In van nel Ciel s'accampano
　Per guerreggiar' i fati.
　Da lega d' amore
　Fia vinto il furore
　D'ogni contraria sorte!
　D'vn reciproco amor nulla è più forte.

SCENA QVINTA.

Ercole, la Bellezza, Coro di Pianeti.

Coro di Pian. QVel grand'Eroe, che già
　　La giù tanto penò
　Spoſo della Beltà
　Per goder nozze eterne al Ciel volò!
　Virtù, che ſoffre alfin mercede impetra
　E degno campo a' ſuoi Trionfi è l'Età.

Erc. e la Bel. Così vn giorno auuerrà con più diletto,
　Che della ſenna in sù la riua altera
　Altro Gallico Alcide arſo d'affetto
　Giunga in pace à goder bellezza Ibera;
　Mà noi dal Ciel traem viuer giocondo
　E per tal coppia fia beato il mondo.

Tutti. Virtù che ſoffre alfin mercede impetra
　E degno campo à ſuoi Trionfi è l'Età.

*Le varie influenze di ſette Pianetti ſcendono ſul Palco
ſucceſſiuamente à danzare , & in fine anche
vn di Choro Stelle.*

F I N E.

Dejanire.

Dejanire. Yole. Illus. Iunon. Licas.
enſemble.

Pour des-vnir deux cœurs l'vn de l'autre charmez,
En vain les deſtins animeZ
Se liguent & leur font la guerre.
Le party, de l'Amour eſt toujours le plus fort,
Et tout ce que l'on voit au Ciel & ſur la terre
Ne peut faire qu'vn foible effort
Contre le couple heureux que ce Dieu met d'accord.

SCENE V.

Hercule. la Beauté. Chœur de Planettes.

Le Chœur.

C E Heros que l'Hymen a mis en joüiſſance
Des plaiſirs & de la Beauté,
Souffrit mille trauaux auecque fermeté:
Les vertus, apres la ſouffrance,
Trouuent, enfin leur recompenſe,
Et le Ciel eſt le champ que deſtinent les Dieux
A leur triomphe glorieux.

Hercule, & la Beauté enſemble.

Ainſi ſur ſon pompeux & triomphant riuage,
La Seine quelque jour doit voir le mariage,
Dont ſaintement eſtreint, vn Hercule François
De l'Ibere Beauté ſuiura les douces loix:
Mais au lieu qu'en l'Hymen où le Ciel nous engage,
Nous ſeuls fauoriſeZ, trouuons noſtre aduantage,
Ce couple glorieux dans ſes iuſtes plaiſirs
Verra du monde entier accomplir les deſirs.

Le Chœur. Hercule. La Beauté enſemble.

Les vertus apres la ſouffrance
Trouuent, enfin, leur recompenſe,
Et le Ciel eſt le champ que deſtinent les Dieux
A leur triomphe glorieux.

Le sdiuerſes Influences des ſept Planettes, deſcendent les vnes
apres les autres, & font autant d'Entrées de Ballet,
qui finit par vn Chœur d'Eſtoiles.

F I N.

G g

www.ingramcontent.com/pod-product-compliance
Lightning Source LLC
Chambersburg PA
CBHW052124090426
42741CB00009B/1938